Igor Maximytschew   **Russland begreifen**

W0197247

Igor Maximytschew

mit Marc Kayser

RUSSLAND BEGREIFEN

*Wie Moskau über Deutschland wirklich denkt
und woher neues Vertrauen kommen kann*

edition berolina

ISBN 978-3-95841-086-2

1. Auflage

© 2018 by BEBUG mbH / edition berolina, Berlin

Umschlaggestaltung: Buchgut, Berlin

Umschlagabbildung: Igor Maximytschew © dpa-Zentralbild / Karlheinz
Schindler; Roter Platz, Kremlmauer, Nikolausturm © picture alliance /
Bildagentur-online / Masci Giuseppe-AGF

Druck und Bindung: CPI Moravia Books s. r. o.

eb edition berolina

Alexanderstraße 1

10178 Berlin

Tel. 01805/30 99 99

FAX 01805/35 35 42

(0,14 €/Min., Mobil max. 0,42 €/Min.)

www.buchredaktion.de

Vorwort

Alte Wunden, neue Verletzungen

Denkt man an Deutschland und Russland, so kommt einem heute – mehr als siebzig Jahre nach Ende des barbarischen Hitlerkriegs – nicht mehr zwangsläufig der Gedanke, wie schuldig wir Deutschen uns am russischen Volk machten. Die Zeit heilt Wunden.

Doch sie hat auch neue Wunden gerissen.

Die Eroberung der Krim, die Unterstützung des syrischen Machthabers Assad, mutmaßliche Hackerangriffe auf politische Administrationen, eine scheinbar planvolle Unterdrückung der russischen Opposition und ein weithin hörbares Säbelrasseln bei russischen Manövern an der Haustür zur EU – all dies erzeugt über Parteigrenzen hinweg Gefühle des Misstrauens, der Abneigung und der Verteufelung der Politik Putins und Medwedjews. Moskau seinerseits dämonisiert die NATO-Osterweiterung, Deutschlands Sympathie für die Ukraine und den steten Ausbau der Europäischen Union auch auf Gebiete Osteuropas, die einst mit der Sowjetunion fest verbunden waren. Dazu kommt Russlands Unverständnis darüber, dass Berlins Kritik an der Amtsführung Wladimir Putins so eng mit Washington abgestimmt sei.

Noch heute erinnert man sich in Moskau an die seligen Zeiten, in denen die Kanzler Willy Brandt, Helmut Schmidt, Helmut Kohl und Gerhard Schröder so etwas wie verlässliche Fürsprecher der russischen Überzeugungen und Seelenlagen waren. Unvergessen sind die Begegnungen von Helmut Kohl mit Boris Jelzin in dessen russischer Privatsauna; oder die engen, beinahe brüderlich wirkenden Auftritte von Gerhard Schröder mit Wladimir Putin – die sogenannte Männerfreundschaft, zwischen die kaum ein Blatt zu passen schien. Und heute? Angela Merkel, die kühle Strategin, der Männerbündelei naturgemäß fremd ist, begegnet dem manchmal wie ein Hasardeur auftretenden Wladimir Putin mit Reserviertheit und kritischer Distanz. Während ein Großteil der deutschen Bevölkerung – vor allem im Osten – nach wie vor mit Russland sympathisiert, sieht der Westen und mit ihm die aktuelle Regierung deutlich distanzierter auf den mächtigen Nachbarn diesseits und jenseits des Ural. Von einem neuen Kalten Krieg ist die Rede, von einem sich entwickelnden Systemkonflikt zwischen Ost und West sowie, natürlich, von einem russischen System, das in Menschenrechtsfragen noch immer deutlich unterentwickelter sei als der freie Westen.

In diesem Buch kommt Igor F. Maximytschew, ein ehemaliger russischer Regierungsvertreter und anerkannter Kenner der deutsch-russischen Beziehungen, zu Wort. Der frühere sowjetische Gesandte seines Landes in Bonn und Berlin, ein Historiker von bedeutendem europäischem Rang, ein Insider der russischen Machtzentren, bringt Licht in das Gewirr eines komplizierten politischen Geflechts.

Zugegeben: Maximytschew zeigt uns mit diesem Buch *seine* Sicht – als Russe und Diplomat – auf das deutsch-russische Verhältnis. Der einstige sowjetische Regierungsvertreter, dessen großer Verdienst es ist, in den unruhigen Tagen des Mauerfalls als Diensthabender der Russischen Botschaft in Berlin die Nerven behalten zu haben, nimmt sich die Freiheit, uns »Westlern« seine und die russischen Befindlichkeiten auf geradezu patriotische Weise nahezubringen. Das wird nicht jedem westeuropäischen Anhänger des jüngsten Russland-Diskurses gefallen – das soll es aber auch gar nicht. Bücher, Schriften und Pamphlete, die zuhauf die Sicht des Westens auf Russland auf die beinahe immer gleiche Weise zeigen, werden in Maximytschews Sichten auseinandergenommen, zerfleddert, umgedreht.

Russland leidet nach wie vor daran, nicht die Anerkennung zu erfahren, die das Riesenland glaubt, zu verdienen. Die ungeheuerlichen, gesellschaftlichen Umwälzungen in nur einem Jahrhundert, die vielfachen Angriffe auf Russlands Territorien und die sprichwörtliche leidensfähige Seele der Russen – all dies bestimmt auch die Haltung des Autors zu seinem Heimatland.

Mit seiner fundierten Herleitung aus der Historie Russlands schlägt Maximytschew einen Bogen zur Machtführung des russischen Präsidenten Wladimir Putin, der sich zaristischer, bolschewistischer und euro-asiatischer Traditionslinien bedient. Er stellt dar, unter welchem Erfolgszwang Putin innen- wie auch außenpolitisch intern und extern steht. Er beschreibt, warum sich Teile der russischen politischen Elite mental offenbar in einem Kriegszustand mit dem Westen befinden und warum sie Politik als eine Form der Konfliktführung sehen. Maximytschew macht gleichfalls deutlich, warum sich die gegenwärtige Politik Russlands an einer NATO heutigen Zuschnitts so dramatisch reibt und welche Kosten-Nutzen-Kalküle das Verhalten des Machtzirkels um Putin bestimmen.

Es gibt für einen Dialog mit Russland gewichtige Argumente. Dazu gehört die Bändigung von militärischen Eskalationsrisiken an der Nahtstelle zur NATO sowie im Ukraine- und im Syrienkonflikt, die Notwendigkeit von Rüstungskontrolle, die Zusammenarbeit bei der Bekämpfung von Terror und gegen die Verbreitung von Massenvernichtungswaffen. Nur durch Entspannung können russische Feindbilder entkräftet und eine Entfremdung der russischen Bevölkerung von Europa verhindert werden. Die Analysen, Kommentare und »Jahrhundertkenntnisse« des Kreml-Kenners Igor Maximytschew beschreiben nicht nur das Denken Moskaus, sie geben auch Maximytschews eigenes persönliches Erleben wieder. Maximytschew hat aber nicht nur seinen polemischen Spaß an der Kritik an (west-)europäischen Ländern und den USA: Er zeigt auch Wege auf, wie die neuentstandenen Brüche wieder geflickt oder ganz und gar geheilt werden können. Dies ist ein Buch der Meinungsfreiheit aus russischer Sicht. Wem das nicht gefällt, der sollte bedenken: Das große Land im Osten ist nur zweieinhalb Flugstunden von Berlin entfernt und taugt allemal als mächtiger Nachbar, über dessen Gartenzaun wir Deutschen nicht immer nur mit Vorurteilen und Ängsten, sondern auch mit Toleranz und gesellschaftlicher Achtung schauen sollten.

Marc Kayser

1. Kapitel

Wovon wir ausgehen

Vor die Entscheidung gestellt, ob sich ein weiterer Versuch lohnen würde, das heutige Russland für die Deutschen begreiflicher zu machen, verspürte ich eine ziemliche Unschlüssigkeit. Ich war mir nicht auf Anhieb im Klaren darüber, ob diesbezügliche Anstrengungen – eingedenk dessen, sich in einer fremden Sprache zu äußern – einen praktischen Sinn haben oder nur verlorene Mühen sind. Gewiss ist das Ziel, das gegenseitige Verständnis zwischen den Völkern zu fördern, edel und konstruktiv, zumal es sich um die beiden zahlenmäßig größten Nationen Europas handelt. Der Frieden des Kontinents und damit der Frieden der Welt ist zu einem wesentlichen Teil nur zu erhalten, wenn die Deutschen und die Russen zusammen dafür stehen. Die Zeugnisse der Geschichte sprechen eine klare Sprache. Um der friedlichen Ordnung in Europa und in der Welt willen müssen Deutschland und Russland am gleichen Strang der gemeinnützigen Kooperation ziehen.

Andererseits sind westliche Voreingenommenheit und aberwitzigste Vorurteile Russland gegenüber so weit fortgeschritten, dass einem starke Zweifel kommen müssen, ob eine Gegenwirkung – mit Chancen, gehört zu werden – überhaupt noch möglich wäre. Die Wellen der Russophobie schlagen heute so hoch, dass im Westen ein Blick nach vorn fast komplett verstellt ist. Die Situation scheint viel schlimmer zu sein als zu den Zeiten des Kalten Krieges. Damals hatte der Westen noch Achtung vor der Sowjetunion, und eine gemeinsame Lösung der Weltprobleme lag, wenigstens teilweise, im Bereich des Möglichen. Heute zieht man es vor, mit Russland mittels Sanktionen zu kommunizieren und alles, was es sagt, sogleich als hinterlistige Finte zu verschreien. Es ist buchstäblich zum Heulen: Wenn ich mit den Deutschen – auch mit den gutmeinenden, weltoffenen Deutschen – spreche, prallen in der Regel meine Plädoyers am Panzer von Befangenheit ab. Die nächste Phase nach dem Dialog der Gehörlosen ist gewöhnlich eine komplette Verstummung beiderseits, und die wäre die gefährlichste Phase im internationalen Kontext.

Warum ich dieses Buch schreiben musste

So hatte ich mich zur positiven Stellungnahme wortwörtlich durchzuringen – mit aller Kraft gegen meinen verständlichen Hang zum Pessimismus kämpfend. Ich tat das Äußerste, um aus der Geschichte – so wie sie ist und bleibt – ein bisschen Hoffnung zu schöpfen. Die schwierigste Zeit für das deutsch-russische Verhältnis war bestimmt der Zweite Weltkrieg mit dem Holocaust und all seinen anderen Nazi-Gräueltaten. Während ich 1944 als Viertklässler zum ersten Mal eine Deutschstunde besuchte (damals war Deutsch als Fremdsprache in allen Schulen der Sowjetunion Pflicht), sagte uns die Lehrerin: »Ich verbitte mir, eine Deutsche genannt zu werden. Ich bin eine Russin, wie ihr es auch seid. Ich werde euch aber Deutsch beibringen, da ihr die Sprache des Feindes beherrschen müsst.«

Die wichtigste historische Bilanz der Jahre, die seitdem ins Land gegangen sind, ist, dass Deutsch sich für die Russen längst von der »Sprache des Feindes« in die »Sprache des guten Nachbarn«, bisweilen auch die »Sprache des Freundes«, verwandelt hat. Der große Verdienst fällt dabei dem antifaschistischen Wesen der DDR zu, die von Anfang an von den meisten Russen als Freund und Verbündeter empfunden wurde.

Ich hatte die Ehre, diesen Prozess der Gesundung des deutsch-russischen Verhältnisses mitzugestalten. Nach der Schule habe ich mein Deutschstudium am Moskauer Institut für Internationale Beziehungen fortgesetzt. 1956 trat ich meinen ersten diplomatischen Job im Konsulat in Leipzig an. Leibhaftige DDR-Bürger lernte ich bereits im Studentenheim des Instituts kennen. In Leipzig gab es einen breiteren Raum für die Bekanntschaften in allen Schichten der Bevölkerung. Unsere kleine Tochter Anja begann zu sächseln, noch bevor sie richtig russisch sprach. In der DDR beziehungsweise in den ostdeutschen Ländern nahm meine diplomatische Laufbahn auch ihr Ende: 1987 bis 1992 war ich Gesandter und Stellvertreter des Botschafters in der Botschaft der UdSSR/Russlands in Berlin in der Straße Unter den Linden. In der Zwischenzeit war ich zweimal in der Bundesrepublik amtlich akkreditiert: zuletzt 1976 bis 1984 als Kulturattaché an der Botschaft in Bonn. So darf ruhig angenommen werden, dass ich nicht nur eine Art Kenner Deutschlands geworden bin, sondern auch ein Experte für die Entwicklungen im deutsch-russischen

Verhältnis der vergangenen sechzig Jahre. Umso mehr, da ich ab 1993 am Europa-Institut der Russischen Akademie der Wissenschaften in Moskau als Forscher im Bereich der europäischen Sicherheit tätig war und bin; Deutschland spielt hier eine herausragende Rolle.

Langer Rede kurzer Sinn: Mit so einer Qualifikationsurkunde konnte ich mich unmöglich der Aufgabe entziehen, zu beschreiben, was nach dem 22. November 2005, als Angela Merkel Bundeskanzlerin wurde, allmählich in akute Gefahr geriet. Zu beginnen wäre jedoch logisch mit der Zeitenwende 1999.

Wer ist der wirkliche Herr der Ringe?

Die Aufgabe, an die Wurzeln der west-östlichen Entfremdung nach der Idylle der demonstrativen Friedfertigkeit der neunziger Jahre zu gehen, ist und bleibt verdammt kompliziert. Der Westen, Deutschland inklusive, hat erst nach einem ganz unerwartet heftigen russischen Protest gegen die NATO-Bombardements auf Jugoslawien 1999 zu seinem großen Erstaunen entdeckt, dass Russland weiterexistiert. Als der russische Premierminister Jewgenij Primakow seinen vereinbarten offiziellen Besuch in Washington beim Bekanntwerden des NATO-Angriffs absagte – und sein Flugzeug eine demonstrative Kehrtwende vor der Küste Amerikas vollbrachte –, geschah etwas Einmaliges für die Sieger im Kalten Krieg. Bis dahin war man in den westlichen Hauptstädten der fröhlichen Überzeugung, Russland sei auf dem besten Wege, das Schicksal der

Sowjetunion zu wiederholen. Der Abschlusstag des Abzugs der Westgruppe der russischen Truppen von deutschem Boden 1994 wurde insbesondere von der deutschen Regierung als Beginn der Begräbniszeremonie für den Hauptnachfolgestaat der Sowjetunion empfunden. Nein, formell war alles in Ordnung. Man hat sogar Staatspräsident Boris Jelzin zu den G8-Gipfeln eingeladen. Nur hatte niemand vor, die Interessen Russlands, vor allem seine Sicherheitsinteressen, ernst zu nehmen. Der Verlierer sollte jederzeit die schwere Hand der Herren der Lage zu spüren bekommen.

Dabei ignorierten die oberen Etagen der Regierungsämter der Westmächte, dass Russland nicht nur ein Nachfolger war, sondern auch und vor allem ein ganz neuer Staat – mit der dem Westen verwandten Staatsideologie und Wirtschaftsphilosophie, mit völlig neuen Leuten am Staatsruder, mit brennendem Wunsch, als Teil der neuen globalen Welt anerkannt zu werden. Stellte die Sowjetunion eine Alternative zur im Westen bestehenden kapitalistischen Weltordnung dar – ob diese Alternative gut oder weniger gut war, ist eine andere Frage –, war das neue Russland bereit und willig, sein Haus »wie im Westen« einzurichten. Man ahmte alles nach: wirtschaftliche Grundlagen, politische Spielregeln, Allmacht des Geldes, globale *Pax-America-na*-Vorstellungen. Vom Westen wurden auch typische kapitalistische Schwächen und Sünden übernommen – wie etwa der Gegensatz zwischen Arm und Reich, die soziale Unsicherheit, Arbeitslosigkeit, Obdachlosigkeit.

Das Streben der Führung des neuen russischen Staates, sich bei den westlichen Lehrmeistern lieb Kind zu machen, zog unausweichlich katastrophale Folgen für die Masse der russischen Bürger nach sich. Die Politik des Westens und das Agieren seiner russischen Anbeter riefen einen allgemeinen Notstand im Land hervor. Statistiker haben festgestellt, dass der Schaden, den Russland nach dem Zerfall der Sowjetunion erlitt, mit den Verlusten vergleichbar ist, die im Ergebnis der Revolutionen von 1917 und des nachfolgenden Bürgerkriegs sowie im Großen Vaterländischen Krieg 1941–1945 entstanden sind. Die neunziger Jahre sind ins russische Volksgedächtnis als eine »böse Zeit« eingegangen, da sie Ruin der Wirtschaft, Verelendung der Bevölkerung, Zügellosigkeit der Oligarchen, Wüten der Kriminalität, Entfesselung von Politiker- und Beamtenwillkür, Zertrümmerung der Streitkräfte (mit Ausnahme des Nuklearpotentials, Gott sei Dank!), offene ausländische Einmischung in die Innen- und Außenpolitik des Landes (so hat die US-Botschaft in Moskau mehrmals den Autokraten Boris Jelzin von der Absetzung ihres Favoriten Andrej Kosyrew vom Posten des russischen Außenministers abgehalten, zum größten Missvergnügen Jelzins) und Massenverbrechen internationaler, hauptsächlich islamistischer, Terroristen im ganzen Staatsgebiet gebracht haben. Und kein einziger Hoffnungsschimmer in Sicht!

Verständlicherweise rief diese bedrückende Situation nach dem Zerfall der UdSSR eine eindeutig ablehnende Haltung der russischen Gesellschaft gegenüber einem blinden Kopieren der westlichen Lebensordnung hervor. Es blieb unbekannt, ob die »Armeen« der westlichen Berater und Konsultanten, die damals Russland überflutet zu haben schienen, etwas vom Anwachsen derartig negativer Stimmungen an ihre Hauptquartiere berichteten. Wenn ja, blieben diese Warnungen unbeachtet. Die Politik des Westens, der NATO-Ostfeldzug inklusive, blieb die gleiche. Kein Wunder: Russland war für den Westen völlig bedeutungslos geworden – sein Schicksal schien vorbestimmt, das Ende schien unmittelbar bevorzustehen. Die Panzer, die 1993 auf das russische Parlament im Zentrum Moskaus unter Applaus des Westens feuerten – was sollte noch Schrecklicheres geschehen, damit ein kompletter Zusammenbruch anerkannt werden würde?

Zwei Schlussfolgerungen aus dieser Zeit stehen für die Russen fest: Erstens: Der Westen mag die russischen Politiker nur, wenn diese schwächlich und unterwürfig sind. Zweitens: Je schlimmer es Russland geht, desto besser scheint sich der Westen zu fühlen.

Solange diese Linien die Weltlage beherrschen und weiterhin bestimmen, bleibt ein vernünftiges gemeinsames Herangehen an die brennendsten globalen Probleme unmöglich. Die vielversprechenden Versuche der Regierung Jewgenij Primakow, ein bisschen Ordnung im außenpolitischen Bereich sowie in der Wirtschaft Russlands zu schaffen, schlugen fehl, da man ihm von innen wie auch von außen keine Zeit ließ, sie zu vollenden. Der russische Protest gegen den NATO-Krieg in Jugoslawien – der erste Krieg in Europa seit 1945 – verhallte ergebnislos. Ohne Konsequenzen blieb auch der wagemutige Vorstoß der russischen Fallschirmjäger nach Pristina in Kosovo. Enttäuschung, Zorn und Empörung griffen in Russland um sich. Zum ersten Mal trat eine nostalgische Erinnerung an die Sowjetzeit zutage, wo das Leben vielleicht verhältnismäßig grau, aber gesichert war und die Stimme des Landes doch nicht so einfach vom Westen überhört werden konnte.

Und dann kam Wladimir Putin

Wenn es allemal stimmt, dass er seiner russischen Heimat den persönlichen Stempel aufsetzte, muss auch gleichzeitig zugegeben werden, dass Wladimir Putins Charakter von Russland geformt worden ist. Am Ende des vorigen Jahrhunderts brauchte das Land dringend einen Chef, der imstande war, einen Ausweg aus der Katastrophe zu finden, die über Russland und die Russen hereinbrach. Einen Chef, der die Volksseele, die sagenhafte russische Seele, verstehen und achten konnte und etwas für ihr Gerechtigkeitsgefühl unternahm. Einen, der das Wohlergehen des Landes über seine persönliche Prosperität stellte und danach handelte – im Rahmen der vorliegenden Möglichkeiten gewiss, aber zielbewusst und mit Nachdruck. Boris Jelzin gebührt ein nachhaltiger Dank der Nation dafür, dass er Wladimir Putins Kandidatur für den Posten des Präsidenten Russlands vorschlug. Das war vielleicht seine einzige positive Tat als russisches Staatsoberhaupt.

Dem absoluten Neuling an der russischen politischen Spitze hingen keine Bindungen zu den Mafiosi um Jelzin nach, deren Machenschaften allgemein bekannt waren. Er wurde sofort zum Hoffnungsträger des Landes. Als solcher wurde er vom Wähler akzeptiert.

Vorschusslorbeeren mussten sich nachträglich als verdient erweisen. Zwar stand Putin noch eine längere Periode des staatsmännischen Heranreifens bevor, doch er arbeitete viel und gern. Er lernte das Land mit all seinen vielschichtigen Problemen und Schmerzen kennen. Andererseits lernte das Land Putin kennen – seine umsichtige Methode, mit Widrigkeiten fertigzuwerden, seinen Hang zu überraschenden Gegenzügen und seine Abneigung, Vertrauensleute aus seiner Umgebung bloßzustellen. Man schätzte schnell seine Gesetzestreue und seine Art, sanft und gleichzeitig beharrlich vorzugehen. Letztlich bildete sich eine Art verlässlicher Verschmelzung des Präsidenten und seines Landes.

Putin bereist regelmäßig das ganze Land. Zweimal im Jahr stellt er öffentlich einen direkten mehrstündigen mündlichen Kontakt zur Bevölkerung beziehungsweise zu Journalisten aller Schattierungen her, dessen Verlauf das Fernsehen an jeden Interessierten heranbringt. Nicht alle Politiker, auch in den wohlhabendsten Ländern der Welt, können von sich behaupten, sie kennen die Stimmung ihrer Mitbürger. Putin kann das, und er handelt danach. Das ist der Grund dafür, dass er wie kein anderer in Russland das Vertrauen der überwältigenden Mehrheit seiner Landsleute besitzt. Es ist ein seltenes Phänomen nicht nur für Russland, dass ein Spitzenpolitiker nach so vielen Jahren des Regierens solch eine phantastische Popularität genießt wie Putin.

Dabei ist es für jeden in Russland kein Geheimnis, dass das Land auch heute einen Haufen von Problemen hat. In der Wirtschaft rühren die einen noch aus der Sowjetzeit her – zum Beispiel die Abhängigkeit des

Staatshaushalts von den Einnahmen von Erdöl- und Erdgasausfuhren. Die anderen sind neu: Da Russland zielbewusst ein konstitutiver Teil der Weltwirtschaft geworden ist, wirken sich die Krisen der internationalen Märkte auch direkt auf den Zustand der russischen Wirtschaft aus. Aus den neunziger Jahren stammt die besonders schmerzhafte Unsitte der Verzögerung von Lohnauszahlungen in den Privatbetrieben, wenn dort finanzielle Schwierigkeiten aufkommen – und das passiert oft.

In der Innenpolitik bedingt die föderative Struktur des russischen Staates (85 Gebiete, Regionen und Nationalrepubliken) eine begreifliche Kompliziertheit der täglichen Verrichtung der Staatsangelegenheiten. Manchmal kommt es vor, dass die Oberhäupter von Föderationsteilen sich als selbstsüchtige Lehnfürsten aufführen und die Zentralstaatsmacht gezwungen ist, einzugreifen, um eine einheitliche Rechtsordnung durchzusetzen. Korruption ist trotz energischer Bekämpfung weit davon entfernt, ausgerottet zu sein. Dazu kommen Schwierigkeiten, die mit der Größe des Landes (elf Zeitzonen trennen Kaliningrad von Kamtschatka) und dem Vielvölkercharakter des Staates (190 Nationalitäten, wobei 80,6 Prozent der Bevölkerung sich als Russen deklarieren) verbunden sind.

Die westlichen Sanktionen erleichtern die Situation nicht. Mit einer sehr wichtigen Ausnahme: Russische Gegensanktionen brachten das Aufblühen der einheimischen Landwirtschaft mit sich. Zum ersten Mal seit der Zarenzeit ist Russland wieder ein bedeutender Getreideexporteur geworden. Die russischen Farmer beten zu Gott, dass die Sanktionen möglichst lange aufrechterhalten werden – dann würde Russland auch die Lebensmittelunabhängigkeit endgültig erlangen.

Die Russen, der Westen, die ›Strafe‹

Ähnlich gestaltet sich die internationale Lage Russlands. Trotz der bleibenden Probleme ist in Putins siebzehn Jahren Großes geleistet worden. Wiederhergestellt ist die globale Rolle Russlands als eine Macht, die imstande ist, ihre lebenswichtigen Interessen überall zu schützen, wo sie bedroht sind. In der Ukraine ist dem NATO-Vormarsch zu den russischen Grenzen Einhalt geboten worden. In Syrien ist ein Kalifat des internationalen Terrorismus gestoppt. Man schämt sich nicht mehr in Russland, ein Patriot zu sein. Russen betrachten sich heute nicht als eine entlegene Provinz Europas, sondern als Zentral- beziehungsweise Nordmacht Eurasiens.

Die russische Wiedergeburt offenbarte europäische Fehlgriffe. Nach einem Vierteljahrhundert von verpassten Chancen hat der integrierte Teil Europas endgültig die Möglichkeit verspielt, Russland als eine europäische Verlängerung nach Asien zu instrumentalisieren. Ob Russland im Gegenteil zu einer Verlängerung Asiens nach Europa wird, hängt von der Stellung des Letzteren den Russen gegenüber ab. Momentan macht die Europäische Union kaum etwas, was ihr Verhältnis zu Russland normalisieren könnte. Und die Zeit verrinnt, die unwiederbringliche Zeit.

Das Gerede von einer »Bestrafung Russlands« beeindruckt die Russen nicht mehr. Sie wissen genau: Wäre die Krim nicht da, hätte man im Westen etwas anderes gefunden beziehungsweise erfunden. Die westliche Haltung Russland gegenüber ist mehr als reformbedürftig. Wir erwarten von jenen klugen Köpfen im Westen, die noch da bleiben und sich ihrer Verantwortung für den Zustand der Welt bewusst sind, dass ihre Taten den im Prozess der Wandlung befindlichen internationalen Realitäten Rechnung tragen. Deutschland hat bisher vermieden, Unkorrigierbares zu schaffen. Ob Berlin genug politische Vernunft und Gewicht an den Tag legen kann, um die ausufernde EU-Krise und Probleme im Verhältnis zu den USA nicht noch durch zusätzliche Komplikationen mit Russland zu erschweren? Man wird es sehen. Die Hoffnung stirbt bekanntlich zuletzt.

2. KAPITEL

Die Brücke Moskau–Berlin

Ich mag Berlin in jeder Jahreszeit, besonders aber bei Kaiserwetter in einer schönen goldenen Herbsttracht. Aber auch der Frühling hat seine leuchtenden Seiten ... – sei's drum: Deutschland hat seine allwetterlichen Schönheiten. Diese Sympathie ist nicht etwa deswegen beständig, weil es mir am Vergleichsstoff mangeln würde. Ich hatte die riesige Freude, sechs Jahre in Paris als Diplomat zu arbeiten, und bis heute bin ich überzeugt, es waren die schönsten Jahre der diplomatischen Hälfte meines Lebens. Frankreich bleibt für die Russen immer ein besonderer Anziehungspunkt. Ohne Französisch zu beherrschen, ist es zum Beispiel unmöglich, das größte Werk der russischen Literaturklassik vollwertig zu genießen. Leo Tolstois *Krieg und Frieden* beginnt mit einigen Seiten der Konversation in einem Petersburger Salon, die natürlich auf Französisch geführt wird. Dazu sind meine Erinnerungen an Paris mit der glorreichen Nachkriegsperiode verbunden, in der Präsident Charles de Gaulle Frankreich wieder zu einer *Grande Nation* der Weltpolitik gemacht hat. Ich hatte übrigens die Ehre, dem General vorgestellt zu werden (beim offiziellen Besuch Alexej Kossygins in Frankreich 1966). Nach seinem Tod stellte der amerikanische Zeitungsverleger Arthur Ochs Sulzberger fest: »Es hat sich erwiesen, dass eben de Gaulle und nicht

Frankreich selbst eine Großmacht war.« Sulzberger behielt recht. Vor einigen Jahren hatte ich die Gelegenheit, Paris wiederzusehen. Ich habe es nicht wiedererkannt.

Bei Berlin ist es anders – es bleibt immer es selbst: weltoffen, aber auch urdeutsch. Ich glaube, einen großen Anteil daran hat Ostberlin, das sich nicht so leicht globalisieren lässt. Zwar ist Berlin nicht die einzige deutsche Stadt, für die ich eine aufrichtige Sympathie empfinde. Ich bin zum Beispiel jedes Mal von Begeisterung erfüllt, wenn ich an München denke, an die bayerische Liebenswürdigkeit und Gastfreundschaft, an die Wärme und Selbstironie der Münchner. Überhaupt stehen die Bayern, wie mir scheint, der russischen Gefühlswelt sehr nah. Es ist eine geheimnisvolle Verwandtschaft beider Volksseelen feststellbar. Auch kleinere Städte und Orte in Deutschland – Leipzig, Dresden, Baden-Baden, der Stadtbezirk Bad Godesberg, Passau, die Gemeinde Tutzing, Burscheid – sind in meiner Erinnerung geblieben. Es sind Edelsteine auf einem mit geistigen Kostbarkeiten verzierten Vorhang auf der Bühne des internationalen Miteinanders. Dennoch liegt mir Berlin am meisten am Herzen. Ich fühle mich hier irgendwie am heimischsten.

Unglaublich – meine Bekanntschaft mit Berlin dauert bereits über sechzig Jahre! Es war im Juli 1956, als meine Frau und ich zum ersten Mal einen Fuß auf Berliner Pflaster setzten. Ich war damals 23 Jahre alt und auf dem Weg ins Konsulat der UdSSR in Leipzig, wo ich als frischgebackener Absolvent des angesehenen Moskauer Instituts für Internationale Beziehungen meinen ersten diplomatischen Job antreten sollte. Die Botschaft auf der Straße Unter den Linden, wo wir Zwischenstation machten, funktionierte bereits seit fünf Jahren, nur die Lindenbäume waren noch nicht da. Das imposante Botschaftsgebäude ragte einsam inmitten einer Trümmerwüste empor – Häuserüberreste ringsum waren schon abgeräumt, an ihrer Stelle entstand aber noch nichts. Das verrußte Brandenburger Tor stand bloß einen Steinwurf entfernt, symbolisierte jedoch die Abgrenzung von einer anderen, befremdlich anmutenden Welt.

Von der künftigen Mauer noch keine Spur, man konnte ohne weiteres nach Westberlin gelangen. Aber solche »Interstellarreisen« waren von meinen Vorgesetzten ausdrücklich nicht empfohlen. Empfehlungen hatten damals die Wirkung der Befehlsform. Zu einem Besuch in Westberlin kam es für mich zum ersten Mal drei Jahre später, nachdem ich bereits in die Botschaft in Bonn versetzt worden war. Ordnung und Ruhe waren wirklich die erste Pflicht der Sowjetbürger.

Leider komme ich in den letzten Jahren immer seltener nach Berlin. Seit ich kein Mitvorsitzender des Wissenschaftlichen Beirats des Deutsch-Russischen Museums Berlin-Karlshorst (früher: Museum der bedingungslosen Kapitulation) mehr bin, sind die Einladungen in die deutsche Hauptstadt rar geworden. Umso herzlicher fallen diese Besuche aus, wenn sie dennoch zustande kommen: Begegnungen mit alten Freunden und Bekannten, Meinungsaustausch, Diskussionen in der Bierrunde, kleine Souvenirs – und Erinnerungen, Erinnerungen ... An die gute alte Zeit natürlich, aber auch an erlebte welthistorische Umwälzungen, an damalige Möglichkeiten und verpasste Gelegenheiten, an die Welt, wie sie sein könnte und sollte, und an die Gründe, weshalb sie nicht so geworden ist, wie man es sich wünschte. An das unerbittliche Schicksal, das uns, die Deutschen und die Russen, zu einem unlösbaren Knoten geknüpft und uns die Schlüssel von der Zukunft Europas in die Hand gedrückt hatte, ohne uns zu fragen und ohne dabei eine genaue Marschrichtung vorzuschreiben.

Jedes Mal, wenn ich jetzt nach Berlin komme, sieht die Stadt ein bisschen anders aus, wobei mich nicht jede Neuheit glücklich macht. Ich vermisse zum Beispiel den mehrfunktionalen Palast der Republik, der unserer Familie oft die Einöde von DDR-Wochenenden zu verschönern half. Ich sehe mich auch in der Besucherloge der Volkskammer wieder, als das Parlament nach der Abwahl Erich Honeckers seine Bedeutung zurückerlangt hatte: Das war die Zeit von so vielen Hoffnungen, Irrungen und schönen Illusionen. Wehmütig gefärbt ist auch der Gedanke an die fast häusliche Atmosphäre im schräg gegenüber gelegenen, gemütlichen Gebäude des *Palasthotels*, später *Radisson SAS Hotel*, wo meiner Frau und mir nach dem Abschluss der diplomatischen Laufbahn immer ein herzlicher Empfang bei den Berlin-Reisen bereitet wurde. Das Gebäude ist bereits vor Jahren niedergerissen worden wie vieles andere auch.

Heute beherbergt mich gewöhnlich die Russische Botschaft in ihren Gästeräumen. Ich genieße jedes Mal dieses Wiedersehen mit dem ehrwürdigen diplomatischen Palais Russlands im Herzen Berlins. In diesen Wänden habe ich die bedeutendsten historischen Ereignisse miterlebt, die Deutschland, Europa und die übrige Welt von Grund auf umformierten. Die Nacht vom 9. zum 10. November 1989 und nachfolgende Wochen sind auf ewig in mein Gedächtnis eingraviert. Die *B. Z.* nannte mich einmal in ihrer Stadtausgabe »Der Engel des 9. November«, da nachts nach der Maueröffnung kein Eiltelegramm aus der Botschaft nach Moskau abgeschickt worden war, das vielleicht eine überstürzte Anregung von dort an die DDR-Behörden nach sich gezogen hätte, diverse Grenzverletzungen nicht zu ignorieren. Die Journalisten blieben dem Hang zur Übertreibung treu, der ihnen allzu oft eigen ist. Ich kann ihre Meinung nicht teilen, obwohl der von ihnen erfundene Ehrenname mir schmeichelt. Es ging mir in jener Nacht in erster Linie darum, dass kein Blutvergießen zugelassen wird. Ich wusste, die Mehrheit meiner Landsleute würde diese Besorgnis teilen und meine Haltung billigen, wären sie danach gefragt worden. Wenn ich durch mein Tun oder Unterlassen damals auch nur ein wenig zur Abwendung einer vermutlichen Tragödie beigetragen habe, bin ich mit meinem Gewissen im Reinen. Auch ein unscheinbarer Platz in der Geschichte kann einen vollkommen zufriedenstellen.

Die Deutschen – sowohl »Wessis« als auch »Ossis« – dürfen nicht vergessen, dass sich Moskau in der entscheidenden Schicksalsperiode 1989/90 jeder Form der Einmischung in die innerdeutschen Angelegenheiten enthielt, obwohl auch ein Blinder hätte sehen können, dass es um die Zukunft der Sowjetunion selbst ging. In der Regel wird diese Zurückhaltung den einzigartigen moralischen Qualitäten Michail Gorbatschows zugeschrieben. Ich weiß aber genau, dass sich keine Stimme in Moskau gegen sein friedensstiftendes Verhalten erhob. Man bat Gorbatschow nur gelegentlich, etwas zu unternehmen, um die Freunde der Sowjetunion in der DDR gegen die sich ansetzenden Verfolgungen zu schützen. Er tat bedauerlicherweise nichts in diesem Sinne. Wieso bei ihm die schwer nachvollziehbare Zurückhaltung überwog, bleibt bis heute ein Rätsel. Gorbatschow hätte doch wissen müssen: Wer seine Freunde im Stich lässt, würde keine haben.

Die kalte Schulter des vereinten Deutschlands

Für seinen Nachfolger, den ersten russischen Präsidenten Boris Jelzin, war diese demonstrative Indifferenz zu wenig. Er beanspruchte, zum Hauptkommunistenfresser des Landes geworden zu sein, und war stolz, den Politemigranten Erich Honecker an die BRD ausgeliefert zu haben. Solch eine Anbiederung war dem deutsch-russischen Verhältnis in den folgenden Jahren eher abträglich. Denn die Gleichgültigkeit des Kremls seinem ehemals wichtigsten Verbündeten in Europa gegenüber ließ die Illusion entstehen, der regierenden russischen Klasse sei das weitere Schicksal des ihr anvertrauten Russlands gleich und sie bereite sich darauf vor, Abschied aus der Geschichte nach dem von der Sowjetunion vorgegebenen Muster zu nehmen. So reifte der europäische Boden heran für die Verbreitung der in den USA erfundenen Theorie vom »Ende der Geschichte«, das zeitlich und dem Wesen nach mit dem Ende der UdSSR zusammenfiel. Der Logik dieser Theorie folgend, sollten nach der Desintegration der Sowjetunion automatisch auch alle anderen potentiellen Rivalen Amerikas verschwinden.

Es war in Berlin, wo ich den durch die deutsche politische Klasse vollzogenen Wechsel von einer ursprünglich beinahe partnerschaftlich anmutenden Behandlung des neuen russischen Staates hin zur Distanzierung von ihm und später zur etwas abgeschwächten Variante des bewährten Kalten Krieges erlebte. Im Frühsommer 1991 kam Martin Bangemann, das für den Binnenmarkt und die Industrie verantwortliche Mitglied der Europäischen Kommission, zu einer Festveranstaltung in der Humboldt-Universität in die Stadt. In seiner Rede gab er eine unmissverständliche Botschaft des integrierten Teils Europas an Moskau bekannt: Die Russen sollten keine Hoffnungen mehr hegen auf vollwertig gleichberechtigte Beziehungen zu den Europäischen Gemeinschaften.

Die kalte Schulter von Brüssel stand in diesem Moment in einem schreienden Kontrast zur Stimmung in der deutschen Gesellschaft, die herzlich und rührend die humanitäre Hilfe für die vermeintlich darbende Bevölkerung der UdSSR auf den Weg brachte. Nach der Auflösung der Sowjetunion im Dezember 1991 und erst recht nach dem vollendeten Abzug der Westgruppe der russischen Truppen aus Deutschland im Mai 1994 konnte sich die Regierung der Bundesrepublik ruhig der Weigerung des Westens anschließen, Russland auch nur als ein potentielles Mitglied der europäischen Völkerfamilie anzuerkennen. Bundeskanzler Helmut Kohl versuchte zwar ständig, die Lage durch seine zur Schau gestellte Männerfreundschaft mit Jelzin schmackhaft für die Russen zu machen, doch die faktische Abkühlung der Beziehungen zu Russland war kaum zu verbergen. Die negativen Prozesse im globalen politischen Bereich bestätigten diese Tendenz.

Der Bürgerkrieg in Jugoslawien

Seit Ende 1990 lief der Bürgerkrieg in Jugoslawien, der von Anfang an von Bonn und dann von der EG insgesamt abgesegnet worden war. Es kann sein, dass der Westen dabei von der Annahme ausging, die sterbende UdSSR würde kein Interesse an den Balkan-Angelegenheiten bekunden. In der Tat hatte die Sowjetunion seinerzeit ihr Pensum an Ärger mit Jugoslawien, da es sich mit der sozialistischen Variante à la Josip Broz Tito dem globalen Führungsanspruch Moskaus als Mekka des realen Sozialismus entgegenstellte. Unter Josef Stalin kam es zu einem offenen Bruch zwischen Moskau und Belgrad. Nikita Chruschtschow gelang es, die Beziehungen mehr schlecht als recht zusammenzuleimen. Aber auch danach gehörte Jugoslawien der führenden Staatengruppe der blockfreien Bewegung an, und es war keine Rede von seiner Rückkehr in die sozialistische Gemeinschaft. Insoweit blieb Jugoslawien für den Westen bis zur Wende 1990 als ein wesentlicher Störfaktor für die Politik des Kremls wichtig.

Mit der Auflösung der Sowjetunion verschwand diese nützliche Funktion Jugoslawiens. Von Bedeutung war auch, dass mit der Sowjetunion gleichzeitig die einzige Macht von der europäischen Bühne abtrat, die im Falle eines Falles die Rolle eines Protektors dieses slawischen Landes übernehmen konnte, wenn es ihr in den Kram passte. Ein anderer Beschützer Jugoslawiens war nicht in Sicht. Westeuropa kam zu dem Schluss, der Moment wäre wirklich gekommen, den Balkan in jenen Zustand eines »Patchworks« zu versetzen, der dem kollektiven Westen viel lieber wäre.

Die westliche Rechnung ging zwar im Großen und Ganzen auf, doch Spannungen mit Russland entstanden dennoch. Es hat sich herausgestellt, dass ungeachtet aller Divergenzen der jüngsten Vergangenheit die Freundschaftsbande zwischen den Russen und den Völkern Jugoslawiens, vor allem den Serben, weiterexistierten. Wir haben ja nicht nur eine gemeinsame Schrift.

Denn unvergessen blieb, dass Russland mehrere verlustreiche Kriege im 19. Jahrhundert zur Befreiung des Balkans, darunter Serbiens, von der osmanischen Herrschaft führte. Es zeigte sich, dass es nicht zufällig war, dass Sankt Petersburg 1914 Serbien zu Hilfe eilte, als Österreich-Ungarn ihm den Krieg erklärte. Das lieferte seinerseits dem Deutschen Kaiserreich den gewünschten Vorwand, Russland anzugreifen und so den Ersten Weltkrieg loszutreten. Das historische Gedächtnis der Völker erweist sich manchmal als überaus zäh. Emotional standen die Russen auch diesmal an der Seite der Serben, die ungerechterweise von allen Seiten für sämtliche Missetaten des nicht von ihnen verschuldeten

Bürgerkriegs angeklagt wurden. Etwas für sie zu tun, lag aber außerhalb der Möglichkeiten von Jelzins Russland. Schöne Worte allein zählen eben nichts.

Dennoch war für die Russen der Angriff der NATO auf Jugoslawien unter dem Vorwand, die bedrängten Albaner in Kosovo schützen zu wollen, nicht zu ignorieren. Ich erinnere mich gut an den Tag des 24. März 1999, als die Nachricht kam, die NATO-Flieger, inklusive deutscher Luftwaffe, seien dabei, die Städte Jugoslawiens zu bombardieren. Ich war gerade bei einem Interview im Moskauer ZDF-Studio über die Stimmung in Russland in Bezug auf die Ereignisse auf dem Balkan. Alle Anwesenden waren wie vom Donnerschlag getroffen. Mich überfiel ein Gefühl der Verzweiflung, und ich konnte nur stammeln: »Alles ist zu Ende.« Damit meinte ich wohl, dass die Zeit der guten Aussichten für das enge Verhältnis zwischen den Europäischen Gemeinschaften und Russland abgelaufen war. Diese Feststellung fiel mir nicht leicht, denn ich war und bleibe ein überzeugter Anhänger der sturmsicheren Zusammenarbeit mit dem integrierten Europa. Nur muss diese Zusammenarbeit auf gleicher Augenhöhe erfolgen und die Interessen beider Seiten gleichermaßen berücksichtigen.

Ich blieb mit meinem pessimistischen Standpunkt nicht allein. Wie wir alle einige Stunden später erfuhren, traf im gleichen Moment der damalige russische Premierminister Jewgenij Primakow die demonstrative Entscheidung, die die Welt nicht übersehen durfte: Er ließ sein Flugzeug vor der Küste Amerikas umkehren und nach Moskau zurückfliegen. Sogar Jelzin selbst konnte sich nicht von den proserbischen Deklarationen enthalten, wenn auch erneut, ohne aktiv etwas zu unternehmen.

Mit einem Schlag veränderte der NATO-Krieg die internationale Realität von Grund auf. Die Illusion war weg, dass das Ende der Bipolarität auch ein Ende der Konfrontation bedeuten würde und die Epoche eines gesicherten Friedens für alle angebrochen wäre. Die Jugoslawien-Intervention der NATO trug nicht nur die Hoffnung zu Grabe, eine baldige Annäherung zwischen West und Ost im Sicherheitsbereich wäre in Reichweite. Der erste Krieg in Europa seit 1945 zeigte auch, dass der Westen nicht gewillt war, sich Zwänge bei der Wahl der Mittel zur Verfolgung der Ziele anzutun, welche er für *Essentials* hielt. Kein Land auf Erden durfte sich von nun an in Sicherheit wiegen, wenn man in Washington, London oder Berlin (oder in Brüssel) zu dem Schluss kommen sollte, jemand führe sich unbotmäßig auf und verdiene dadurch eine Bestrafung. Und die Härte der Bestrafung würde ausschließlich davon abhängen, über welche wirtschaftliche und militärische Stärke dieses Land verfüge. Ein Schwacher und Wehrloser kann über Nacht zum Freiwild erklärt werden. Statt einer Epoche des allgemeinen Friedens begann die Zeit der allgemeinen Willkür und folglich der allumfassenden Unsicherheit.

Das jugoslawische Beispiel war besonders beunruhigend für Russland. Föderatives Aufbauprinzip, ausgezeichnete strategische Lage, reiche Naturschätze – so viel war in diesen beiden Ländern sehr ähnlich. In beiden Fällen stellte sich der kollektive Westen auf die

Seite der zerstörerischen Zentrifugalkräfte (in Russland waren das vor allem die islamistischen Terroristen in Tschetschenien). Alles Negative wurde den Zentripetalkräften zugeschrieben, unabhängig davon, wie die Wirklichkeit aussah. Dabei wurde zunehmend klar, dass Objektivität die geringste Sorge für den Westen ausmachte. Die westlichen Demokratien klatschten Beifall, als durch das Kanonenfeuer von Jelzins Panzern 1993 das russische Parlament – gebildet zum ersten Mal nach 1917 auf der Grundlage der freien Wahl und Parteienpluralität – vor den Augen der Weltöffentlichkeit zerschossen worden war. Die gleichen Demokratien des Westens bestanden im gleichen Atemzug auf Straffreiheit im Namen von Humanität für die terroristischen Mörder der Frauen und Kinder, nur weil deswegen die Aussicht bestand, dass eine innere Erstarkung Russlands verhindert werden konnte. Wie man sieht, begann die russophobe Hysterie bedeutend früher, als der Verfall der Ukraine eingetreten war.

3. Kapitel

Ein Blick in die Geschichte

In Russland empfand man über die Zeiten die Deutschen als überaus wichtige westliche Nachbarn, ganz gleich ob eine gemeinsame Landgrenze mit ihnen vorhanden war oder nicht. In den russischen Augen waren und bleiben die Begriffe »Europa« und »Deutschland« unzertrennbar verbunden. Eine ziemlich lange Zeit verkörperte das Land der Deutschen im Denken und in der Sprache der Einwohner vom alten Russland überhaupt den ganzen europäischen Kontinent. Die russische Bezeichnung *Nemez* (»Deutscher«) bezog sich ursprünglich auf alle Europäer (genauer: Westeuropäer), die nach Russland kamen. An und für sich bedeutete dieses Wort »Stummer«, das heißt »nicht der russischen Sprache Kundiger«. Neben den *Nemzi* gab es auch die *Warjagi* (»Skandinavier«) und die *Greki* (»Griechen aus Byzanz«). Der Begriff *Germanzi*, der neben der Bezeichnung *Nemzi* verwendet wurde, kam viel später auf. Zwischen den aus dem Süden und Osten stammenden Ausländern wurde viel detaillierter unterschieden: Man sprach von *Polowzi*, *Petschenegi*, *Khasaren* und so weiter. Selbst die Etymologie bestätigt, dass die Bindungen der Deutschen und Russen seit jeher auffallend eng waren. Eine dichtbevölkerte *Nemezkaja sloboda* (»Deutsche Siedlung«) – ein Stadtteil, in dem die Westeuropäer wohnten – gab es in Moskau bereits vor der

Inthronisation Peters I. (1672–1725) und dem Beginn der Realisierung seiner Pläne zur Europäisierung Russlands. (Die erste Deutsche Siedlung entstand in Moskau bereits um die Mitte des 16. Jahrhunderts.)

Das deutsch-russische Verhältnis blieb im Laufe von Jahrhunderten vornehmlich friedlich und kooperativ. Aber zwei bedeutendere Ausnahmen gab es dann doch:

Erstens: die Kreuzzüge des Deutschen Ordens zur Verbreitung des Katholizismus im Baltikum und in der Nord-West-Rus im 13. und 14. Jahrhundert, in deren Ergebnis später die Bevölkerungsgruppe von Baltendeutschen entstand, die eine spezifische, aber wichtige Rolle in der russischen Geschichte spielten. Schließlich sind aus ihrer Mitte bedeutende russische Heerführer, Seefahrer, Wissenschaftler, Politiker hervorgegangen; gleichzeitig aber stellten sie die Oberschicht der Gutsbesitzer im Baltikum, die mit der Zeit zum Inbegriff der politischen Reaktion und Unterdrückung der einheimischen Bauernschaft geworden ist; viele Baltendeutsche wurden später zu den Propagandisten der Eingliederung des Baltikums ins Deutsche Reich; die Geschichte von Baltendeutschen endete 1940/41, als Adolf Hitler ihre Übersiedlung ins »Reich« durchführte, in erster Linie ins okkupierte Polen.

Zweitens: der Siebenjährige Krieg 1756–1763, der eigentlich ein Weltkrieg der damaligen Zeit war. Russland hatte während der Kriegshandlungen Ostpreußen besetzt, aber schließlich nach der Machtübernahme des neuen russischen Imperators Peter III., eines Verehrers von Friedrich II., an Preußen zurückgegeben.

Ansonsten zeichnete immer reger Handel und der

Kulturaustausch das Verhältnis zwischen beiden Völkern aus. Im Mittelalter stieg Nowgorod zum Kontor der allmächtigen Hanse für Nordosteuropa auf.

Wie die Bündnisse und Zerwürfnisse zustande kamen

In der Periode der deutschen Kleinstaaterei wurde Preußen zum bevorzugten Partner der Zaren. Sankt Petersburg und Berlin kämpften zusammen gegen Napoleon – mit einem wechselhaften Erfolg. Aus der Zeit des antifranzösischen Militärbündnisses stammt der Name eines der bekanntesten Plätze Berlins – des Alexanderplatzes –, so genannt zu Ehren des russischen Imperators Alexander I. Freilich beteiligten sich die Preußen, die vorher eine donnernde Niederlage gegen Napoleon einstecken mussten, am französischen Russlandfeldzug 1812. Es ist eine Grimasse der Geschichte, dass die Übermacht der Einfallstruppe des Korsen (*»La Grande Armée«*) auf deutsche Kontingente zurückzuführen war. Der katastrophale Rückzug Napoleons aus dem brennenden Moskau bildete den Auftakt zum preußischen Frontwechsel. Bereits Ende 1812 hatte der Chef des preußischen Korps im Bestand der französischen Besatzungsarmee fürs Baltikum, General Yorck von Wartenburg, die Stillhaltekonvention von Tauroggen mit dem Befehlshaber von anrückenden russischen Truppen unterzeichnet. Dieser Konvention folgte die Wiederherstellung des preußischen Bündnisses mit Russland. Auf dem Höhepunkt der Völkerschlacht bei

Leipzig 1813 schloss sich der Anti-Napoleon-Koalition auch das sächsische Kontingent an, was entscheidend den Ausgang der Schlacht bestimmte.

Die Ergebnisse des Wiener Kongresses 1814–1815, der die europäische Friedensordnung für die folgenden hundert Jahre festlegte, wurden vom Zusammenspiel dreier Staatsoberhäupter maßgebend beeinflusst (die »Heilige Allianz« formten der russische Imperator, der österreichische Kaiser und der König von Preußen). Als Grundlage des kontinentalen Ausgleichs war das »Konzert der Mächte« institutionalisiert, das eine unabdingbare friedliche Abstimmung der Interessen aller europäischen Staaten beinhaltete.

Die »Heilige Allianz« funktionierte zuverlässig. Russland war an der Regelung praktisch aller europäischen Probleme beteiligt. Dabei wurden enge Beziehungen zwischen Russland und Preußen auch durch dynastische Bindungen untermauert. Zar Nikolaus I. war mit einer Tochter des preußischen Königs verheiratet und weilte oft privat in Berlin. Aus dieser Zeit stammt die prächtige Lage der Russischen Botschaft an der Straße Unter den Linden – das Haus wurde seinerzeit vom Zar für sich und seine Familie erworben.

Einen verheerenden Schlag gegen das erste kollektive System der europäischen Sicherheit versetzte der Krimkrieg 1853–1856 der englisch-französisch-sardinisch-osmanischen Koalition gegen Russland, den Nikolaus I. verloren hat. Die Weigerung Preußens, sich am antirussischen Krieg zu beteiligen, lohnte sich 1870 hundertprozentig, als der französisch-preußische Konflikt ausbrach. Russland blieb streng neutral, die Truppen von Napoleon III. wurden zerschlagen, und die Gründung des Deutschen Reiches im besetzten Versailles verlief reibungslos. Der erste Reichskanzler Otto von Bismarck blieb bis ans Ende seiner Amtszeit der Überzeugung treu, das Reich sollte jeglichem Zusammenstoß mit Russland aus dem Weg gehen, das er aus seiner Zeit als preußischer Gesandter in Sankt Petersburg gut kannte. Er hielt die Folgen eines solchen Konflikts für zu risikoreich.

Kaiser Wilhelm II. und seiner Umgebung fehlten die Weisheit und Vorsicht Bismarcks vollständig. Nach der Entlassung Bismarcks trat ein Krieg gegen Russland in die Vorbereitungsphase ein. Als einen künftigen sicheren Gewinn betrachtete man in der Reichshauptstadt die eventuelle Inbesitznahme von fruchtbarem Grund und Boden des westlichen Russlands und seine Besiedlung mit den deutschen Bauern, für die die Grenzen des Reiches angeblich zu eng wurden.

Als Verkünder solch einer Zukunftsvision traten vornehmlich die Baltendeutschen auf, die sich damit brüsteten, das Land im Osten bereits teilweise »verdeutscht« zu haben. Adolf Hitlers »Territorialpolitik der Zukunft« sowie der Slawenhass entstanden lange vor der Machtergreifung der Nazis. Die deutsche Kriegsplanung ging von Anfang an davon aus, dass es ein Zweifrontenkrieg – nach West und nach Ost – werden könnte, wobei die Gegner nacheinander geschlagen werden müssten: zuerst der Hauptfeind Frankreich und dann mit einem kleinen Zeitabstand das Zarenimperium als ein möglicher künftiger Rivale. Ein Teil des russischen Territoriums sollte nach dem Sieg zum Aufbau einer deutschen Kolonie benutzt werden. Dabei wurden die militärische Stärke Frankreichs und insbesondere die Russlands maßlos unterschätzt. Berlin rechnete fest mit einem erfolgreichen Rundumschlag.

Dazu kam, dass die Mitglieder der zahlenmäßig starken sozialdemokratischen Reichstagsfraktion nur bereit waren, für die Kriegskredite zu votieren, wenn es um den Krieg gegen den russischen Zarismus, diesen »Feind von allem Progressiven in Europa«, ging. Und ohne Stimmen der Sozialdemokraten gab es keine Demonstration der Einigkeit des deutschen Volkes in seinem »Kampf ums Überleben«, wie der kommende Erste Weltkrieg von seinen Protagonisten im Reich präsentiert wurde. Die einstimmige Entscheidung des Reichstags für die Kriegskredite 1914 erntete eine billigende Bemerkung des Kaisers (»Ich erkenne meine Deutschen wieder«) und kündigte den »Krieg bis ans siegreiche Ende« mit allen Mitteln an, der Europa in eine beispiellose Katastrophe hineinstürzte.

Russlands Imperator Nikolaus II. wollte eigentlich keinen Krieg mit dem Deutschen Reich. Ihn quälten Furcht, Zweifel und dunkle Vorahnungen. Keine zehn Jahre waren seit dem verlorenen Krieg gegen Japan vergangen, und das Reich war unvergleichlich mächtiger als der fernöstliche Rivale von Sankt Petersburg. Die russische Regierung bestand aber darauf, dass es verantwortungslos wäre, das Reich zum alleinigen Herrscher des Kontinents emporsteigen zu lassen. Wäre das Gegengewicht in Gestalt Frankreichs endgültig verloren, gäbe es keine Mittel mehr, gegebenenfalls Berlin zur Räson zu bringen. Das siegreiche Reich, verbündet mit Österreich-Ungarn, würde früher oder später zum Eroberungsfeldzug gen Osten antreten. Man dürfte dem Reich nicht gestatten, seine Opfer nacheinander zu zerschlagen. Die Koalition mit Frankreich und England wäre der einzige gangbare Ausweg aus der Situation. Die Stimmung in der gebildeten Gesellschaft Russlands spiegelte die Regierungsplattform wider. Die Masse der Bevölkerung wurde überhaupt nicht gefragt.

Der Kriegsmechanismus wurde am 28. Juli 1914 von Österreich-Ungarn in Gang gesetzt. An diesem Tag erklärte Wien auf Drängen Berlins Serbien den Krieg. Russland, Verbündeter von Serbien, begann dann die Teilmobilmachung – eine sehr langwierige Prozedur, die jederzeit abgebrochen werden konnte. Am 1. August wurde aber der allgemeine Krieg unvermeidbar – es erfolgte die Kriegserklärung des Deutschen Reiches an Russland, bekräftigt durch die enthusiastische Abstimmung über Kriegskredite im Reichstag. Am 3. August kam die deutsche Kriegserklärung an Frankreich, motiviert durch das französische Bündnis mit Russland. Am nächsten Tag erklärte das Reich dem neutralen Belgien den Krieg, worauf sich London mit einer Kriegserklärung an Deutschland einschaltete. Der Erste Weltkrieg hatte begonnen.

Von Bündnisverpflichtungen und neuen Allianzen

Russland erfüllte seine Bündnispflicht musterhaft. Bereits in den ersten Kriegswochen, während die deutschen Armeen unaufhaltsam in Richtung Paris stürmten und die Besetzung der französischen Hauptstadt allem Anschein nach unmittelbar bevorstand, unternahmen die russischen Streitkräfte, auf verzweifelte Hilferufe der Franzosen reagierend, einen für die Deutschen völlig unerwarteten Entlastungsschlag. Ohne Vorbereitung, ohne auf den Abschluss der Mobilmachung zu warten, ohne verlässliche Verbindung zwischen den vorrückenden Truppenteilen, ohne genügende Ausrüstung drangen die Russen in Ostpreußen ein.

Das war das einzige Mal im Verlauf des Krieges, dass die Kriegshandlungen auf deutschem Boden stattfanden. Die Operation endete, wie vorauszusehen war, schließlich mit einer Niederlage, aber sie zwang das deutsche Oberkommando, teilweise die Truppen aus Frankreich ostwärts zu versetzen, um Ostpreußen zu retten. Die Wucht der Offensive auf Paris war geschwächt, die Hauptstadt Frankreichs wurde gerettet, der deutsche Blitzkrieg scheiterte. Eigentlich stand die Niederlage des Deutschen Reiches bereits 1914 fest.

Erwartungsgemäß schlug der deutsch-russische Krieg hohe Wellen gegensätzlicher Emotionen in der öffentlichen Meinung beider Länder. Jedoch je länger der Positionskrieg dauerte, desto stärker wurde die Kriegsmüdigkeit und Antikriegsstimmung auf beiden Seiten. Beeindruckende Beweise lieferten die Szenen der

Soldatenverbrüderung an der Ostfront, die immer öfter zu beobachten waren. Die russischen Revolutionen von Februar und Oktober 1917 waren zu einem großen Teil von solchen Stimmungen bedingt. Der Versuch der bürgerlichen Provisorischen Regierung Russlands, einen »patriotischen Revolutionskrieg« nach dem Muster der Großen Französischen Revolution von 1789 zu starten, misslang gründlich. Das Versprechen der Bolschewiki, einen »sofortigen Frieden ohne Annexionen und Kontributionen« herbeizuführen, begünstigte den Erfolg der sozialistischen Oktoberrevolution. Die Bolschewiki hielten ihr Wort. Bereits im Dezember 1917 wurde der Waffenstillstand an der Ostfront vereinbart, im Januar 1918 begannen die Friedensverhandlungen im von den Deutschen besetzten Brest-Litowsk.

Gerade in diesen Verhandlungen verpasste das Deutsche Reich die Chance, mehr oder weniger annehmbare Bedingungen bei der generellen Abschlussregelung des Ersten Weltkriegs zu erreichen. Der sogenannte »Brester Frieden« war eine Art Lackmustest geworden für die Fähigkeit des Siegers (beziehungsweise des Stärkeren), vernünftige Friedensbestimmungen anzupeilen, die keine gefährlichen Keime für Zwist in der Zukunft enthielten. Eine solche Weisheit war dem Reich und seinen Verbündeten in Brest-Litowsk völlig fremd.

Russland wurde ein Vertrag aufgezwungen, der sowohl Annexionen als auch Kontributionen vorsah. Das Sicherheitsbedürfnis des neuen russischen Staates wurde durch die Bedingungen von Brest-Litowsk mit Füßen getreten, da dem Land ein riesiger Teil seines europäischen Territoriums – von der westlichen Grenze Russlands bis zum Kaspischen Meer – als deutsches Protektorat unter dem Deckmantel einer »unabhängigen Ukraine« entrissen wurde.

Der Versuch der russischen Delegation, der Unterzeichnung vom ungenierten Diktatvertrag durch Unterbrechen der Verhandlungen zu entgehen, scheiterte kläglich. Die Deklaration von Leo Trotzki, dass Sowjetrussland den Zustand »Weder Krieg noch Frieden« an der Ostfront ausruft, beeindruckte die Generäle des Kaisers nicht im Geringsten. Sie benutzten diese Unvorsichtigkeit als Vorwand zur Wiederaufnahme der deutschen Offensive, die nicht zu stoppen war, weil die Bolschewiki nach dem Sieg der Oktoberrevolution die alten Streitkräfte kurzerhand aufgelöst hatten und die neuen noch nicht in Sicht waren. Am Ende musste die russische Delegation ruhmlos nach Brest-Litowsk zurückkehren und den von den Deutschen vorbereiteten Vertragstext ohne jegliche Diskussion unterzeichnen.

Die Demütigung Deutschlands durch den Versailler Vertrag hatte ihre Wurzeln auch in den sogenannten Friedensvereinbarungen von Brest-Litowsk zwischen Kaiserreich und Bolschewiki. Heute ist unter den Historikern die Meinung verbreitet, dass die Härten des Versailler Vertrags in vielem die Brüchigkeit des erhofften dauerhaften Friedens bedingten. Versailles, so wie es war, wäre jedoch ohne Brest-Litowsk kaum möglich gewesen. Russland war in Versailles nicht vertreten. Die russisch-bolschewistische Regierung verurteilte den Vertrag dieses Namens als Vergewaltigung des deutschen Proletariats durch den Weltimperialismus.

Es ist bemerkenswert, dass trotz der antideutschen

Propaganda in den Kriegsjahren und den Erfahrungen von Brest-Litowsk das Deutschland-Image im international gefärbten Nachkriegsrussland keineswegs negativ war. Für die neuen Machthaber stellte Deutschland so etwas wie das gelobte Land dar. Die marxistische Ideologie stammte aus Deutschland, dort setzten die Nachfolger von Karl Liebknecht und Rosa Luxemburg ihren Kampf für die gleiche proletarische Sache wie in Sowjetrussland fort. Wladimir Iljitsch Lenin rechnete mit der Perspektive, dass das industriell entwickelte Deutschland die Führung der europäischen Revolution übernehmen und das wirtschaftlich rückständige Russland von dieser übermenschlich schweren Aufgabe befreien würde. Er irrte.

Der Anteil der Deutschen an der sowjetischen Revolution

Am Russischen Bürgerkrieg nahmen auf der bolschewistischen Seite zahlreiche Ausländer teil, unter ihnen viele gleichgesinnte Deutsche. Auch die Russlanddeutschen wurden von den Auseinandersetzungen erfasst. Die Baltendeutschen kämpften fast ausnahmslos gegen die Roten, andere Russlanddeutsche wie auch zahlreiche ehemalige deutsche Kriegsgefangene schlugen sich meistens auf die Seite der Rotgardisten, der neuen Streitkräfte des bolschewistischen Russlands.

Entsprechend dem sowjetischen Grundsatz, die Entstehung von nationalen territorialen Einheiten zu begünstigen, riefen die Bolschewiki die Autonome Republik der Wolgadeutschen ins Leben. Zu ihren Zentren wurden Marxstadt (vormals Jekaterinograd) und Engels (Pokrowsk). Nach dem Angriff Hitlerdeutschlands wurde diese Republik aus Gründen der Staatssicherheit aufgelöst, die Wolgadeutschen selbst nach Sibirien und Kasachstan deportiert. Die Sowjets waren nicht die Ersten, die eine Deportation von Russlanddeutschen in den Kriegszeiten unternahmen. Die Zarenregierung verfuhr gleichermaßen.

Nach dem Ende des Bürgerkriegs in Sowjetrussland wurde Moskau zum Mekka der europäischen Revolutionäre. Hier befand sich das Exekutivkomitee der Kommunistischen Internationale (EKKI; Komintern), das eine Art Generalstab der Weltrevolution verkörpern sollte und über den Exterritorialstatus verfügte, nach der Art wie ihn die ausländischen diplomatischen Vertretungen innehaben. Moskau war überschwemmt von den Ausländern, unter denen die Deutschen am stärksten vertreten waren. Jeder sowjetische Jungpionier kannte die Kommunistische Partei Deutschlands (KPD) und ihren Chef Ernst Thälmann. Mit diesen Namen verband man die Hoffnungen auf eine friedliche Zukunft für Europa. Die erhobene geballte Faust als Gruß der deutschen Kommunisten war sehr populär in der UdSSR geworden.

Die sowjetischen Verbindungen zu den deutschen Kommunisten störten die Annäherung zwischen Sowjetrussland und Weimar-Deutschland (*Weimarer Republik*) nicht. Die außenpolitische Zusammenarbeit auf Staatsebene war ein überzeugendes Beispiel dafür, dass die globale Politik ideologische Gegensätzlichkeiten entwerten oder zumindest beiseiteschieben kann. Die Grundlage des abgestimmten Vorgehens beider Länder bildete die Tatsache, dass sowohl Deutschland als auch Sowjetrussland durch die Versailles-Ordnung entrechtet und zu Parias stigmatisiert waren. Im richtungsweisenden Vertrag von Rapallo von 1922 wurden drei wichtige Punkte festgelegt, die das damalige deutsch-russische Verhältnis verdeutlichen: Zum einen erkannte »Weimar« die Sowjetrepublik als solche an – was einem Durchbruch ihrer diplomatischen Blockade gleichkam. Zum anderen wurden Ansprüche des Reiches auf Entschädigung für das in Russland nationalisierte deutsche Eigentum annulliert. Auch die Sowjetregierung verzichtete ihrerseits auf die von Versailles vorgesehenen Reparationen zugunsten Russlands. Zum höchsten Ausdruck der Annäherung wurde die geheime Militärkooperation beider Staaten, welche den Aufbau der sowjetischen Streitkräfte und ihre militärtechnische Ausrüstung begünstigte und beschleunigte. Die den Deutschen nach dem Versailler Vertrag verbotene Entwicklung von Panzer-, Flugzeug- und Chemiewaffen ging unter strengster Geheimhaltung auf russischem Boden und in Kooperation mit sowjetischen Fachleuten vonstatten. Da Russland kein Teilnehmer des Versailler Vertrags war, der drastische militärische Begrenzungen für Deutschland vorschrieb, durfte Moskau die Nichterfüllung seiner Bestimmungen nicht vorgeworfen werden.

Wie die Russophobie großgezüchtet wurde

Die öffentliche und auch verdeckte deutsch-sowjetische Zusammenarbeit auf der Regierungsebene bedeutete keineswegs, dass die antirussischen Stimmungen in Deutschland verschwunden waren. Sie erwiesen sich als viel zäher als antideutsche Stimmungen in Sowjetrussland. Sehr aktiv zeigten sich die Sozialdemokraten, die ihren politischen Feind in erster Linie in den nach Moskau orientierten deutschen Kommunisten sahen, mit denen sie um Sympathien bei der Arbeiterschaft buhlten. Das Gespenst des bärtigen Räubers mit dem roten Stern auf seiner Pelzmütze und dem Messer zwischen den Zähnen ging in Deutschland um. Die Russophobie nahm den »zivilisierten« Decknamen vom Antikommunismus beziehungsweise Antisowjetismus an, was erlaubte, die Furcht vor der Aggression aus dem Osten auch offiziell zu schüren. Ein Teil des rechten Lagers warf den Autoren von Versailles zudem vor, dass Deutschland um die Früchte seines »Sieges an der Ostfront« gebracht worden war.

Gewiss war die Russophobie der dreißiger Jahre noch nicht so verbreitet, dass sie jeden Deutschen umfasste. Die sozialistischen Ideen der Oktoberrevolution genossen Beliebtheit. Viele sahen darin eine Umsetzung der europaweiten Grundsätze der Großen Französischen Revolution – *»Liberté, Égalité, Fraternité«*. Die Kommunistische Partei Deutschlands erhielt fünf Millionen Stimmen bei der letzten demokratischen Reichstagswahl im März 1933 – bereits nach der Machtergreifung Hitlers und dem Reichstagsbrand. Man darf nicht ver-

gessen, dass die ersten Insassen in den Konzentrations-
lagern eben deutsche Kommunisten und ihre Sympathisanten waren. Im Dritten Reich wurde der Antikommunismus zum Gesetz des Überlebens. Der Aufstieg
der braunen Gefahr veränderte die Situation in der
Welt von Grund auf. Die Sowjetunion war das einzige
Land der Welt, das nach 1933 alle Formen der Zusammenarbeit mit Deutschland einstellte.

Es wirkt seltsam, dass man gewöhnlich die Evolution
der außenpolitischen Strategie der jungen Sowjetrepublik links liegenlässt – man geht in der Regel davon aus,
der Gegner bleibe immer der Gleiche, und das Gesetz
der allgemeinen Veränderung sei für ihn ungültig. Das
stimmt nicht. Der Verlust von Illusionen und Selbsttäu-
schungen ist ein Naturgesetz; dem kann man nicht entgehen. Die Ausrichtung der sowjetischen Außenpolitik
begann schon früh, sich gründlich zu ändern.

Angesichts des Ausbleibens der erhofften Weltrevolution – mindestens einer europäischen Revolution –
nach 1918 als Folge des Weltkriegs musste Sowjetrussland seine Außenpolitik umbauen. In den Jahren des
Bürgerkriegs (1918–1922) hielt es das Land der siegrei-
chen sozialistischen Revolution unter der Führung von
Lenin und Trotzki für seine Pflicht als Avantgarde des
Weltproletariats, die Verbreitung des Sozialismus in
der Welt mit allen Mitteln zu fördern. Keine Opfer sollten für die Russen zu groß sein, wenn dadurch das kapitalistische Regime in einem weiteren Land – in West,
Ost oder Süd – zu Fall gebracht werden könnte.

Unter Josef Stalin (gewählt zum Generalsekretär des
Zentralkomitees der Kommunistischen Partei im April

1922; gestorben am 5. März 1953) wurde die Werteska-la diametral umgedreht. Die These von der Funktion Sowjetrusslands als Avantgarde des Weltproletariats blieb unangetastet, aber die Schlussfolgerung wurde umformuliert. Die Werktätigen der Welt mussten nun jedes Opfer auf sich nehmen, um ihre Avantgarde zu schützen und zu unterstützen. Im Endergebnis bedeu-tete das, dass die bisherige Offensiv- durch eine Defen-sivstrategie ersetzt worden war.

Der Unterschied war prinzipiell, wurde aber von der Außenwelt lange Zeit nicht zur Kenntnis genom-men. Inzwischen legte gerade dieser Rollentausch den Grundstein für Allianzen mit den imperialistischen Mächten, auch für Militärbündnisse, wenn es um Leben und Tod des einsamen sozialistischen Staates gehen sollte. Das war der entscheidende Schritt für ein Staats-gebilde, das ursprünglich darauf pochte, nicht wie alle anderen zu sein. Nun befand es sich auf dem Weg zu einem normalen modernen Staat, der fähig war, in un-serer Welt, voll von Gegensätzen und Widersprüchen, zu existieren und eine politische Linie zu verfolgen, mit deren Hilfe die vorhandenen und potentiellen Gefahren gegebenenfalls zu umgehen oder zu entschärfen waren.

Der nationalsozialistische Umsturz in Deutschland setzte 1933 die Bildung einer defensiven internationa-len antifaschistischen Koalition auf die Tagesordnung der Weltpolitik. Die gemeinsame Gefahr sollte im Prin-zip alle vereinen, die als künftige Opfer vom Aggressor feststanden. Die damalige Situation erinnert sehr an die heutige Weltlage mit ihren Gefahren, die vom interna-tionalen Terrorismus ausgehen. Leider ähnelt auch das

Tun und Treiben der Politiker von damals dem gefährlichen Spiel, das wir zur Genüge aus dem laufenden Geschehen unserer Tage kennen. Obgleich alle Staaten, die keinen Krieg wollten, offensichtlich einen gemeinsamen Feind vor sich hatten, der den nächsten Krieg plante und bereits seine Vorbereitung eingeleitet hatte, kam die Koalition nicht zustande. Stärker als die Befürchtung, zum nächsten Opfer des Aggressors zu werden, wirkte die Versuchung, die Wucht der Zerstörungsenergie des Kriegstreibers zur Schwächung (beziehungsweise zur Vernichtung) von eventuellen künftigen Rivalen zu nutzen, obschon sie wenigstens im Moment keine Gefahr darstellten und überdies um ein Bündnis baten.

Es bedeutete eine diplomatische Niederlage nicht nur für Moskau, dass es misslungen war, rechtzeitig eine Einheitsfront gegen den Nazi-Aggressor zu schmieden. Die Verantwortung für die Niederlage konnte jedoch unmöglich der sowjetischen Außenpolitik allein in die Schuhe geschoben werden. Mangelnde Reaktion des Westens auf deutsche Verletzungen des Versailler Vertrags, westliche Intrigen mit Berlin, die Aufopferung der spanischen Demokraten 1936–1939, der britisch-französische Verrat an der Tschechoslowakei durch die Münchner Abmachung mit Deutschland 1938, der skandalöse Verlauf der sowjetisch-britisch-französischen Militärverhandlungen in Moskau im August 1939, wo den westlichen Vertretern Vollmachten fehlten, eine Übereinkunft mit den Russen zu erzielen, zwangen die Sowjetunion buchstäblich, einen von Deutschland vorgeschlagenen Nichtangriffspakt zu akzeptieren.

Das war eine Notlösung. Dass die Übereinkunft nur von kurzer Dauer sein könnte, bezweifelte in Moskau niemand. Man hegte keine Illusionen in Bezug auf die plötzliche Liebenswürdigkeit des Naziregimes. Es war klar, dass Hitler den Pakt für Angriffe gegen Polen, für die Zerschlagung der französischen Armee und die Kriegsführung gegen England benutzen würde, wobei die Vorbereitungen für den Ostfeldzug gegen die Sowjetunion beibehalten werden würden, denn die Sowjets standen insgeheim weiter auf der Liste der Hauptfeinde der Nazis.

Nach den Vorstellungen des Kremls wurden diese schwerwiegenden Nachteile aber von einigen noch entscheidenderen Faktoren ausgeglichen: Zeitgewinn für den Ausbau der eigenen Verteidigungsmöglichkeiten, Vorbeugung eines isolierten deutsch-sowjetischen Krieges, Einsichtnahme in die Militärmaschinerie der Wehrmacht. Die Art und Weise, wie der Zweite Weltkrieg begann, gab der Sowjetunion die Garantie, dass sie in der kommenden Auseinandersetzung mit dem Faschismus zwangsläufig den Westen als Verbündeten an ihrer Seite haben würde. Im August 1939 ahnte zwar niemand, dass der Widerstand Polens nur drei Wochen und der Frankreichs lediglich einen Monat dauern würde. Aber auch nach der deutschen Besetzung Frankreichs blieb England mit den USA im Rücken ein nicht zu ignorierender hilfsbereiter Kriegsfaktor im bevorstehenden gemeinsamen Kampf gegen den Aggressor.

Im Laufe der darauffolgenden zwei Jahre (von 1939 bis 1941) fielen die offiziellen deutsch-sowjetischen Beziehungen äußerlich durch beiderseitige wohlwollende

Gesten auf. Die Fachleute der Roten Armee konnten ungehindert das Allerheiligste der deutschen Rüstungsindustrie besuchen, und im Kreml, so überliefert, klangen die Trinksprüche auf das Wohl des Führers. Die Freundlichkeit blieb selbstverständlich nur vorgetäuscht. Die Nazis waren dabei, einen passenden Moment für den Angriff auf die UdSSR auszusuchen. Dies war keineswegs ein Geheimnis für die Russen, deren Vorbereitungen zur Abwehr des Angriffs ebenfalls im vollen Gang waren. Nach den Blitzkriegen Hitlers gegen Polen und Frankreich war Moskau fieberhaft bemüht, eine vorgeschobene künftige Ostfrontlinie im Norden, Westen und Süden aufzubauen. Die möglichst große Entfernung von der Westgrenze des Landes bis Moskau sollte ein verstärktes Sicherheitskissen gegen den zu erwartenden konzentrierten Schlag der Wehrmacht bilden. Überlegenes Potential an Menschen und Ressourcen sowie die theoretische Wahrscheinlichkeit der Wiederherstellung einer zweiten Front im Westen des europäischen Kontinents waren Trümpfe in der Hand der Sowjets bei dem bevorstehenden Zusammenstoß mit Deutschland. Es scheint leider so, dass man im Kreml dermaßen beeindruckt von den eigenen Trümpfen war, dass der Beginn des Großen Vaterländischen Krieges in der Nacht zum 22. Juni 1941 das Oberkommando der Roten Armee sozusagen in den Filzpantoffeln erwischte.

Denn Deutschland konnte sich nun auf die Potenzen praktisch des ganzen europäischen Kontinents stützen. Die Erstarkung und der Übermut Hitlerdeutschlands waren nicht durch die Sowjets verschuldet – jedenfalls nicht durch sie allein. Die Schuld daran liegt größtenteils bei den kurzsichtigen Manövern der westlichen Hauptstädte, die sich nach 1933 zu keiner klaren Entscheidung durchringen konnten, wer für sie die größere Gefahr darstellte – Nazideutschland oder die sozialistische Sowjetunion. Gleichzeitig schlug auch die Annahme Stalins fehl, ihm könne gelingen, den deutschen Angriff bis 1943 hinauszuzögern, wenn die militärtechnische Vorbereitung der Roten Armee planmäßig abgeschlossen sein würde. Der Krieg kam nach Russland, als die Reformen in der Armee und in der Militärindustrie noch weit von ihrem Abschluss entfernt waren.

Es war typisch für die damalige international offene Atmosphäre in Sowjetrussland, dass man teilweise bis zum Kriegsbeginn noch Hoffnung hegte, dass die deutschen Klassenbrüder ihre Waffen gegen eigene Ausbeuter und nicht gegen das russische Proletariat richten würden. Die sowjetischen Publizisten spielten gern mit Phantasien, im Falle des deutschen Angriffs würden die Bastionen in den Vorstädten Hamburgs und Essens infolge der Arbeiteraufstände früher aufflammen als die von Moskau und Leningrad. Es dauerte fast ein halbes Jahr, bis diese Illusionen durch die schreckliche Realität des Nazi-Krieges zerstoben.

Die Sowjetunion und ihre Einwohner wurden von der Inhumanität und Rücksichtslosigkeit des von Hitler geführten Vernichtungsfeldzugs kalt erwischt. Erst während der Kämpfe vor Moskau im Herbst und Winter 1941 erreichte der Widerstand der Roten Armee den Grad der Erbitterung, der gestattete, den Verlauf des Krieges umzukehren. Auf russischer Seite waren die Verluste riesengroß und wuchsen weiter. Militärisch ging es durch schwer erkämpfte Siege aufwärts – Stalingrad, Kursk, Befreiung Osteuropas, Schlacht um Berlin. Die Wunden, die der Krieg in Russland schlug, waren tragisch – insgesamt 27 Millionen Männer, Frauen, Kinder ließen ihr Leben in diesen vier Jahren.

Aufbau, Aufbruch und neue Feindbilder

Es ist wichtig, im Blick zu behalten, dass auch in schwersten Momenten des Krieges die Russen eine klare Trennungslinie zwischen Deutschland und dem Faschismus zogen. Es war fast nie die Rede von den »deutschen Eindringlingen«, nur von den »deutsch-faschistischen Aggressoren«. Im Klartext bedeutete diese Formel, dass man sich in Russland bewusst darüber war, dass der Krieg zwar von deutschem Boden ausging, aber nicht alle Deutschen Kriegsverbrecher waren. Auf der einen Seite standen deutsche Nationalsozialisten und ihre Handlanger; auf der anderen Deutsche, die es nicht waren. Diese Unterscheidung half, die Kluft zu überbrücken, die als Resultat des Krieges zwischen den Deutschen und den anderen europäischen Völkern klaffte. Der Übergang von der Kriegs- zur Friedenszeit im Bereich des deutsch-russischen Verhältnisses gelang in der Sowjetischen Besatzungszone Deutschlands bewunderungswürdig rasch. Die Entstehung der Deutschen Demokratischen Republik 1949 markierte den Wendepunkt, nach dem die Russen von den Deutschen – wenigstens von einem Teil der Deutschen – wieder als von Freunden sprechen konnten.

Für einen russischen Mann von der Straße war nicht die Absicht der DDR entscheidend, den Sozialismus sowjetischer Prägung aufzubauen. Ausschlaggebend war die antifaschistische Ausrichtung dieses neuen Staates, die Tatsache, dass am Ruder auf verschiedenen Ebenen der DDR-Staatsstrukturen die Leute waren, die aus der Widerstandsbewegung, aus den NS-Konzentrationslagern und -Gefängnissen, aus der politischen Emigration, nicht zuletzt aus den sowjetischen Antifa-Schulen für die Kriegsgefangenen der Wehrmacht kamen. Diese neue herrschende Klasse Ostdeutschlands kannte aus ihrer persönlichen Erfahrung nur zu gut, was ein Krieg mit sich bringt. Ihr Eid – »Nie wieder Krieg!« – entsprach ihrer tiefempfundenen Lebensauffassung und warb um Vertrauen.

Nach der DDR-Selbstaufopferung 1989/90 hat man mit Vorliebe die Mär von der alles erdrückenden Stasi breitgetreten. Man verschweigt aber dabei, dass der ostdeutsche Staat von Anfang an das Ziel koordinierter subversiver Aktivitäten der mächtigsten und technisch überaus effektiv ausgerüsteten Aufklärungs- und Diversionsdienste aus aller Welt war. Die Funktion der Stasi als Organ der Aufklärung und Konterspionage gewann eine lebenswichtige Bedeutung für die Erhaltung der Republik. Die Aufgabe der verhassten Berliner Mauer war nicht nur, die Ausblutung der DDR durch den Abgang ihrer qualifizierten Arbeitskräfte zu stoppen, sondern auch der Zügellosigkeit der westlichen Agenten und Sonderkommandos ein Ende zu setzen. Auch in diesem Bereich waren die DDR und die UdSSR enge Verbündete. Die Russen waren überzeugt, solange die DDR existiere, bleibe ein neuer Kriegsbrand in Europa schier unvorstellbar. Die bekannte propagandistische Formel: »DDR – Bollwerk des Friedens« war für die Russen eine Binsenwahrheit, die keine zusätzlichen Erläuterungen brauchte. Die DDR verkörperte die Garantie, dass vom deutschen Boden kein neuer Krieg entflammen würde.

Bis zur Aufnahme der diplomatischen Beziehungen mit Westdeutschland 1955 blieb die DDR in den Augen Moskaus der Kern des künftigen gesamtdeutschen Staates. Da die ideologische Grundlage der kommunistischen Zukunftsvision davon ausging, dass irgendwann die ganze Menschheit die Vorzüge des Sozialismus erkennen würde, war ursprünglich die Hoffnung vorhanden, dass das kommende Deutschland sich für den Sozialismus entscheiden und die Sowjetunion als seinen Verbündeten, Schutzpatron und als ein Musterbeispiel sehen würde. Die überaus wichtigen Rollen, die nach dem Krieg die kommunistischen Parteien in Frankreich und Italien spielten, schienen diese Hoffnung zu bekräftigen. Jedoch noch zu Lebzeiten Stalins wurde klar, dass eine solche Perspektive kaum über Realisierungschancen verfügt. In den berühmten »Stalin-Noten« von 1952 hat Moskau sein Einverständnis mit der deutschen Vereinigung durch die gesamtdeutschen Wahlen unter internationaler Kontrolle (das war die Hauptforderung des Westens) unter der Bedingung erklärt, dass das vereinte Deutschland keinem Bündnis angehören dürfe, das gegen einen Teilnehmer an der Anti-Hitler-Koalition, also auch gegen die UdSSR, gerichtet wäre. Diese Initiative wurde mit der DDR-Führung nicht vorab abgesprochen. Vom Westen wurde sie als eine sowjetische Finte rundweg abgelehnt.

Zehn Jahre lang – nach 1945 – sahen die Russen in Westdeutschland lediglich ein Überbleibsel des Feindeslands, das seinerzeit Russland beinahe vernichtet hätte. Gewiss konnte die Bundesrepublik mit dem Dritten Reich nicht gleichgestellt werden. Sie war aber bestimmt kein Freund Russlands. Das einzig Positive, was die Russen damals an der BRD entdeckt haben könnten, lief auf die Kommunistische Partei Deutschlands und ihre Mitglieder hinaus, die um die Freundschaft mit der UdSSR warben. Die KPD war jedoch in Westdeutschland ab 1956 von Amts wegen verboten. Der Rest wurde als nichts anderes als eine Anhäufung von Spionageringen aus aller Herren Länder, subversiven Diensten und Gruppen sowie russophoben Medien empfunden.

Annäherung und Ausnahmezustände nach dem Krieg

Die ersten bedeutsamen Direktkontakte zwischen den Russen und den Bundesdeutschen begannen erst nach 1955 und brachten sofort Überraschendes für beide Seiten. Vor allem – sie waren weiß Gott nicht ausschließlich negativ. Es hat sich erwiesen, dass das Medienbild des jeweils anderen Landes in wesentlichen Details erdichtet worden war. Bei der Analyse der Situation kann ich an meine persönlichen Erinnerungen aus jener Zeit anknüpfen. Ich war einer der ersten Sowjetrussen, der den Fuß auf westdeutschen Boden setzte. 1958 kam ich als frischgebackener Dolmetscher in die Botschaft der UdSSR in Rolandseck bei Bonn. Ich fühlte mich anfänglich wie ein Pionier auf dem feindlichen Minenfeld und ging sorgfältig der Berührung mit den Einheimischen aus dem Weg (außer dienstlicher Pflichterfüllung selbstverständlich).

Aber ganz ohne Kontakte ging es wirklich nicht. Ich besuchte zum Beispiel eine Fahrschule in Bad Godesberg, legte dort die Führerscheinprüfung ab und erlangte dadurch einen westdeutschen »Lappen«. Dabei lernte ich mehrere deutsche Fahrlehrer kennen. Einer von ihnen, ein sympathischer junger Mann, gestand mir im privaten Gespräch, dass er sich im Krieg als Freiwilliger bei der Waffen-SS an der Westfront gemeldet hatte und das nicht bereue, obwohl er kein NS-Parteigenosse gewesen sei. Das störte unsere Lehrer-Schüler-Beziehung gar nicht – für mich war ausschlaggebend, dass er sich nunmehr gegen den Krieg mit meinem Land aussprach. Als Dolmetscher des Botschafters Andrej Smirnow war ich oft bei seinen Gesprächen mit den Spitzenpolitikern der Bundesrepublik zugegen, darunter auch mit dem Bundeskanzler Konrad Adenauer. Ich begleitete den Botschafter auf seinen Reisen durch die Bundesrepublik und war Zeuge des spontanen Applauses, wenn die Fußgänger in den Städten seine Staatskarosse erkannten. Allmählich kam ich zu dem Schluss, dass die Russophobie in Westdeutschland keine treibende politische Kraft, sondern eher eine oberflächliche negative Erscheinung war, die zwar viel Übel anrichten konnte, aber im Gegensatz zur Antikriegsstimmung der breiten Bevölkerungsmassen stand. Das gab Hoffnung auf bessere Zeiten in der Zukunft. Ich bezweifle nicht, dass die Eindrücke der bundesdeutschen Diplomaten in der UdSSR die Schlussfolgerung erlaubten, ein Deutschlandhass existiere in Russland nicht.

Natürlich durfte man trotz der beruhigenden Gewissheit, dass auch die Westdeutschen keinen Krieg wollten, den Ernst der weltpolitischen Lage nicht bagatellisieren. Es gab die USA mit ihrem Pochen auf globale Missionen Amerikas. Es gab auch die NATO und ihre Truppen an der Trennungslinie zwischen den Militärblöcken, das heißt an der deutsch-deutschen Grenze. Aber es schien, dass man in Moskau zumindest über den deutschen Abschnitt der europäischen Flanke keine Sorgen zu haben brauchte. Hielt die Gruppe der Sowjetischen Streitkräfte in Deutschland (GSSD) an ihren Positionen im Zentrum des Kontinents fest, war undenkbar, dass sich die NATO dort auf irgendwelche kriegerischen Abenteuer einlässt.

Das wichtigste Ziel der sowjetischen Militärplanung bestand im Ausschalten jeder Möglichkeit der Wiederholung der Situation vom 22. Juni 1941, als die im Prinzip erwartete Nazi-Invasion doch unerwartet für die UdSSR begann. Die GSSD (ab 1989: Westgruppe der Truppen, WGT), in ihrer fast Halbmillionen-Stärke und bestens bewaffnet, war fähig, größere Operationen selbständig, ohne Verstärkung aus der Heimat, durchzuführen. Eigentlich war die GSSD/WGT für die Russen der sicherste Garant für Frieden und Stabilität in Europa. Ihre Schlagkraft wurde durch die Tatsache bedingt, dass sie in einer weit vorgeschobenen Stellung auf dem

Gebiet der DDR stationiert war. So beruhte die europäische Sicherheit der Sowjetunion auf zwei miteinander verbundenen Säulen: militärisch – die WGT, außenpolitisch – die DDR.

Indessen ließ die innere Situation in der DDR viel zu wünschen übrig. In der neuen führenden Klasse der Republik fehlten meistens erfahrene und kompetente Staats- und Wirtschaftslenker. Ideologien beziehungsweise Parteitreue konnten die Regierungsfähigkeit nicht ersetzen. Irrtümer und Fehlgriffe häuften sich. Die Lage wurde durch das Problem der Reparationen zugunsten der UdSSR und Polens sowie durch eine offene Grenze in Berlin zusätzlich kompliziert. Wenn dazu noch unüberlegte Schritte oder Unschlüssigkeit in Moskau kamen, konnte sich der innenpolitische Zustand der DDR sehr rasch verschlechtern. Eine Verknüpfung der inneren und äußeren Faktoren rief zum Beispiel die bekannten Ereignisse vom Juni 1953 hervor. Der Beschluss der DDR auf der höchsten Partei- und Regierungsebene über den beschleunigten Aufbau der Grundlagen des Sozialismus war durch die Preiserhöhung für Lebensmittel und Vergrößerung der Arbeitsnormen begleitet. Der verständliche Unmut in der Arbeiterschaft war die Folge. Eine durch die Westberliner Rundfunksender koordinierte flächendeckende Welle von Streiks erfasste das ganze DDR-Staatsgebiet. Da man in Moskau nach dem Tod Stalins 1953 im Sinne der »Noten« vom Vorjahr laut nachzudenken begann, ob es zweckdienlicher wäre, den Aufbau des Sozialismus in der DDR aufzugeben, um die Vereinigung beider deutschen Staaten unter der Bedingung zu ermöglichen, dass Gesamtdeutschland blockfrei würde, konnten die DDR-Größen nicht sofort entscheiden, was zu tun wäre. Die Ordnungskräfte blieben desorientiert, demoralisiert und ohne klare Anweisungen.

Da der Besatzungsstatus noch intakt war, verhängte zuerst die Berliner Militärkommandantur der GSSD den Ausnahmezustand und schickte Panzer auf die Straßen; Militärkommandanten in den DDR-Städten, wo die Streikenden auf die Straßen gingen, folgten. Kein Schießbefehl wurde ausgegeben (außer im Selbstverteidigungsfall), keine Zusammenstöße zwischen der GSSD und der Bevölkerung waren zu registrieren. Die Panzer auf den Straßen wurden indessen berechtigt als ein klares Signal der Bereitschaft der Besatzungsmacht aufgenommen, um jeden Preis Ruhe und Ordnung wiederherzustellen. Die Volkspolizei kam sofort zu sich und kehrte zur Ausübung ihrer Funktionen zurück. Mit der Absetzung des Chefs des sowjetischen Innenministeriums, Lawrenti Berija, die nur wenig später erfolgte, verschwand auch dessen platonisches Philosophieren über die deutsche Vereinigung. Der Westen ignorierte sowieso die Moskauer Überlegungen zu diesem Thema; er stellte niemals in Frage, dass für ihn die Beteiligung Westdeutschlands am westlichen Militärbündnis die höchste Priorität besaß.

Nach etlichen europäischen - und Weltkrisen wurde 1961 die Scheidelinie zwischen den Westsektoren Berlins und der Hauptstadt der DDR zu einer geschlossenen Grenze. Die Schranke zwischen West- und Osteuropa wurde gesenkt, die Abgrenzung endgültig dicht gemacht. Der Eiserne Vorhang quer durch die Welt, dessen

Bau Winston Churchill bereits 1946 in seiner Rede in Fulton (USA) annoncierte, stand auch in Europa. Die Weltpolitik befand sich in einer Sackgasse. Zwei Möglichkeiten blieben: Entweder ging die Menschheit phantasielos ihrem Untergang entgegen, oder sie musste rasch einen gangbaren Ausweg finden. Dass die zweite Möglichkeit obsiegte, ist in vielem ein deutscher Verdienst.

Männer mit berühmten Namen

Jeder Historiker des deutsch-russischen Verhältnisses wird den Namen Egon Bahr in Erinnerung behalten. Denn es war Bahr, der in seinem Vortrag in der Evangelischen Akademie Tutzing 1962 eine grundlegende Wende in der westlichen Politik gegenüber der DDR und Sowjetrussland anregte. Er schlug eine neue strategische Linie vor, die konzentriert auf für den Westen wünschenswerte Veränderungen in den sozialistischen Ländern durch Annäherung der beiden weltpolitischen Blöcke hinarbeitete (in der modernen politischen Sprache würde das wohl »*Soft-Power*-Anwendung« heißen). Und die Bundesregierung unter Willy Brandt (SPD) und Walter Scheel (FDP) mit ihrer hauchdünnen Mehrheit im Bundestag begann 1969 einen entsprechenden Umbau der bundesdeutschen Beziehungen zuerst mit der UdSSR und dann mit der DDR. Das Resultat der in der Folge aufkommenden Prozesse war 1975 die berühmte gesamteuropäische Schlussakte von Helsinki, die von der Konferenz über Sicherheit und Zusammenarbeit in Europa (KSZE) abgesegnet wurde.

Beide Seiten sahen die Schlussakte als jeweils ihren Erfolg. Breschnews Sowjetunion betrachtete die darin formulierte Anerkennung aller in Europa bestehenden Staatsgrenzen als die Verpflichtung des Westens, die auf dem Kontinent vorhandene Situation aufrechtzuerhalten und auf Versuche zu verzichten, die europäische Stabilität in Frage zu stellen. Im Punkt 3 der Akte wurde festgeschrieben, dass die Teilnehmerstaaten alle ihre Grenzen sowie die Grenzen aller Staaten in Europa als unverbrüchlich ansehen und Abstand von jeglichem Anschlag gegen diese Grenzen nehmen würden.

Laut Punkt 7 der Akte übernahmen die Teilnehmerstaaten die Verpflichtung, Menschenrechte und Grundfreiheiten, einschließlich der Gedanken-, Gewissens-, Religions- und Überzeugungsfreiheit, für alle und ohne Unterschied von Rasse, Geschlecht, Sprache und Religion zu beachten. Die Aufnahme der Begriffe wie »Menschenrechte« und »Grundfreiheiten« in ein offizielles Dokument mit den Unterschriften der Ostblockleader ohne genaue Konkretisierung des Inhalts dieser Begriffe eröffnete breite Möglichkeiten für die innenpolitische Opposition, jeden x-beliebigen Schritt der Behörden einer vernichtenden Kritik im Sinne von »menschenrechtswidrig« und »grundfreiheitsverletzend« zu unterziehen. Besonders wenn den Oppositionsgruppen rechtzeitig eine satte finanzielle Unterstützung vom Ausland zur Verfügung gestellt wurde. Die DDR war das natürlichste Ziel solcher Operationen, die Berliner Mauer – ihr beliebtestes Objekt. Man konzentrierte die Aufmerksamkeit der Welt nur auf die Abriegelungsfunktion der Mauer, die als Einengung der Reisefreiheit der DDR-Bürger interpretiert werden konnte. Dass sie gleichzeitig eine Schutzfunktion an der sehr unruhigen Grenze zwischen zwei Welten ausübte, überging man geflissentlich.

Mit dem Beginn der Gorbatschowschen Perestroika fing die westliche Taktik an, üppige Früchte zu tragen. Die damals begonnenen Reformen schufen eine Situation, bei der die Behörden gezwungen waren, die systemwidrige Opposition nicht nur entsprechend der Schlussakte von Helsinki zu tolerieren, sondern auch ihre Forderungen zu berücksichtigen. Das Reformbedürfnis der sozialistischen Gesellschaften war real und dringend, der UdSSR oblag logischerweise eine führende Rolle bei der Durchführung. Aber die Tätigkeit von Michail Gorbatschow war widersprüchlich, seine Schritte waren unüberlegt und chaotisch. Die Antialkoholkampagne 1987 zum Beispiel, die zur *Prohibition* amerikanischer Art ausartete, ruinierte die staatlichen Finanzen und vernichtete den florierenden Weinanbau im Süden des Landes auf Jahrzehnte. Die Einführung der westlichen Währung als Verrechnungsmittel im Handel zwischen den sozialistischen Staaten 1990 sprengte den Rat für Gegenseitige Wirtschaftshilfe (RGW) und beschleunigte das Ende des Ostblocks. Die Reformen Gorbatschows brachten mehr Schaden als Nutzen. Die DDR-Führung unter Erich Honecker hatte ihre Gründe, sich abseits von der Perestroika in der Sowjetunion zu halten.

Jedoch unbeweglich zu bleiben und nur auf Distanz zur führenden Macht der sozialistischen Gemeinschaft zu gehen, war auch keine gute Lösung. Die breite sowjetische Öffentlichkeit konnte kein Verständnis für das offizielle DDR-Verhalten aufbringen. Es entstand eine widernatürliche Lage, in der die öffentliche Meinung in der Sowjetunion gegenüber den Westdeutschen freundlicher als gegenüber den DDR-Deutschen gesinnt zu sein schien. Wie bekannt, endeten alle diese Spielchen mit einer ohrenbetäubenden Explosion. Der 9. November 1989 war nur durch Leichtsinnigkeit der Nach-Honecker-Riege möglich geworden. Nicht die Maueröffnung selbst, sondern ihre tumultartigen Umstände haben der Welt vor Augen geführt, dass die DDR ihrem Ende verblüffend nah gekommen war.

Angesichts der umfassenden DDR-Krise musste die Sowjetunion wählen, was für sie weniger schmerzhaft wäre – entweder den Bündnisverpflichtungen bis zum Äußersten treu bleiben und gegebenenfalls auch zur Gewaltanwendung greifen oder die DDR ihrem Schicksal überlassen und das mehr als wahrscheinliche Risiko eingehen, über kurz oder lang den wichtigsten europäischen Verbündeten zu verlieren. Gorbatschow entschied sich für die zweite Variante und fand dabei eine breite Unterstützung in der aufgewühlten sowjetischen Gesellschaft. Nach der äußerst unpopulären Operation der internationalen Hilfeleistung an die sozialistischen Träumer in Afghanistan, die soeben abgebrochen werden musste, etwas Ähnliches in Europa zu starten, war einfach undenkbar gewesen. Das bedeutete aber nicht, dass Moskau das Gebot vergessen durfte, Sorge für seine Sicherheit auf dem Mittelabschnitt der europäischen Flanke zu tragen.

Das Erste, was einem dabei in den Sinn kommen

müsste, war eine Garantie der Nichtausdehnung der NATO gen Osten im wahrscheinlichsten Fall der DDR-Inkorporierung in die Bundesrepublik. Die nahende Auflösung des Warschauer Paktes machte die Existenz des westlichen Blockes im Prinzip überflüssig – die Dichotomie der Welt und Europas neigte sich ihrem Ende zu. Da aber keine Anzeichen des künftigen Verzichts auf die NATO als solche in Sicht waren, schien es vorsichtshalber weiser, wenigstens die plötzlich gewonnene völlige Aktionsfreiheit der NATO auf dem Kontinent etwas zu dämpfen. Moskau wusste, dass die USA in der NATO eine Art Verankerung ihrer Präsenz in Europa sahen, und erklärte sich von vornherein mit der Aufrechterhaltung der militärischen Stärke des Blockes einverstanden. Die Nichtausdehnung wurde nicht als Bedingung für die Aufgabe der DDR formuliert, sondern als eine Bitte des Vertragspartners. Sie wurde Gorbatschow auch versprochen – mündlich und mit nachfolgender praktischer Außerkraftsetzung.

Die demütigende Behandlung Gorbatschows durch die Amerikaner und ihre Verbündeten war einer der Gründe dafür, dass er seine ursprüngliche Popularität und seinen Einfluss einbüßte und am Ende widerstandslos den Präsidentensessel räumte. Das wäre aber nur ein halbes Übel gewesen im Vergleich mit der Auflösung von »Großrussland«, das im Großen und Ganzen die Sowjetunion verkörperte. Der Verzicht auf die Ideologie des Internationalismus, die die politische, philosophische und moralische Existenzberechtigung solch eines übernationalen Staatsgebildes wie die UdSSR lieferte, führte notgedrungen zu seinem Untergang. Dass die

Nachfolgestaaten der Sowjetunion unausweichlich national gefärbte Einheiten wurden mit verschiedentlich ausgeprägtem Führungsanspruch einer Nation, die die staatstragende Funktion übernahm, war zwar begreiflich, aber grundsätzlich regressiv. Das Dümmste dabei war, dass die Grenzen der neuen postsowjetischen Staaten noch in der Zeit der Sowjetunion als administrative Trennlinien festgelegt worden waren, wobei die Kommunisten sich im Umgang mit den historisch gewachsenen Siedlungsarealen wie mit den nationalen Traditionen nie besonders zimperlich gezeigt haben.

Besonders ungehemmt war die kommunistische Behandlung der Rechte der Russen. Die Logik der marxistischen Regierenden war einfach: Die zahlenmäßig stärkste und nach ihrer Schätzung progressivste sowie klassenbewussteste Nation des Landes wäre im Namen des proletarischen Internationalismus verpflichtet, die größten Opfer zugunsten der kleineren Nationen auf sich zu nehmen. Jeder Versuch, etwas mehr Ausgewogenheit in die nationale Politik der Kommunistischen Partei hineinzubringen, wurde sofort als Bekundung eines großrussischen Chauvinismus gebrandmarkt. Im Ergebnis waren wesentliche Teile des russischen Kerngebiets an kleinere Nationen übergeben worden, damit ihre Bedeutung im gemeinsamen Staat erhöht wird. Auch deshalb war das Ende der Sowjetunion für die Russen eine Katastrophe – sie wurden zur größten geteilten Nation der Welt. Die Deutschen müssten das eigentlich gut verstehen. Umso mehr, da das wirtschaftliche Wunder in der Russischen Föderation ziemlich lange auf sich warten ließ.

Der Ausfall der Sowjetunion als eine gleichgewichtsfördernde Kraft im internationalen Kontext führte sofort zu einer gefährlichen Verzerrung der Zusammenhänge im Weltmaßstab. Vor 1991 gab es auf der Weltbühne drei globale Akteure: 1.) das westliche Bündnis mit den USA an der Spitze; 2.) die von der UdSSR angeführte sozialistische Gemeinschaft; 3.) die Bewegung der Blockfreien, der an die achtzig Staaten der sogenannten Dritten Welt angehörten, unter ihnen solch große Länder wie zum Beispiel Indien beziehungsweise Indonesien. Die zwei ersteren Akteure befanden sich im Dauerclinch, und die Blockfreien spielten eine gewichtige Vermittler- und Dämpferrolle bei ihren offenen Konflikten. Die europäischen Teilnehmer der Bewegung der Blockfreien machten sich zum Beispiel 1975 verdient bei dem Zustandekommen der Konferenz über Sicherheit und Zusammenarbeit in Europa und ihrer Schlussakte.

Der Verzicht Russlands auf das sozialistische System, verbunden mit der Weigerung, den globalen Wettbewerb mit dem Kapitalismus weiterzuführen, schuf theoretisch die Voraussetzung für eine heile Welt, wo die natürlichen Reibungen zwischen den nationalen Interessen einzelner Staaten nicht zu zwangsläufig unausweichlichen Zusammenstößen führen. Die Realität zeigte sich aber von einer ganz anderen, enttäuschenden Seite.

Es hatte einen tieferen Sinn, dass der erste Krieg in Europa nach 1945 infolge des Angriffs der westlichen Militärallianz gegen Jugoslawien, ein führendes Mitglied der Bewegung der Blockfreien, entbrannte. Die

Bomben auf Belgrad 1999 gaben eine genaue Vorstellung, was vom »Ende der Geschichte« zu erwarten war, das die amerikanischen Theoretiker so frohgemut ausgerufen hatten. Sogar Boris Jelzins Russland, ein treuer und gehorsamer Nacheiferer des Westens, konnte die NATO-Willkür nicht schweigend herunterschlucken: Jahrhundertelange Bindungen zwischen den Russen und den Serben waren stärker als alle Verdrusse der Nachkriegszeit. Es war doch nicht umsonst, dass Russland 1914 das Risiko eines deutschen Überfalls auf sich nahm aus Solidarität mit dem angegriffenen Serbien.

Aufgabe des Sozialismus, Auflösung des Warschauer Vertrags und die Desintegration der UdSSR waren souveräne Entscheidungen der sowjetischen Bürger, aber der Westen zog es vor, diese Entscheidungen für Folgen seines Sieges über Russland auszugeben. Dass man für den globalen Konflikt der Systeme von länger als einem halben Jahrhundert Dauer eine friedliche Regelung finden konnte, war eine historisch beispiellose Leistung von den Verantwortlichen in Moskau. Und als Würdigung ihrer Selbstlosigkeit, bei der sogar die lebenswichtigsten Nationalinteressen hintangestellt worden waren, kam die Situation, in der sie als Loser, als Befehlsempfänger behandelt wurden. Solche Lehren vergisst man nie.

Die größten Gewinner der Wende waren im Prinzip die Deutschen, die die Möglichkeit erhalten haben, ihre Vereinigung zu vollenden. Ihr Land gewann an Größe und Bedeutung, ihre führende Rolle in der Europäischen Union wurde unbestreitbar; auch global war ihre Stimme hoch einzuschätzen. Das war eine gute Ausgangsposition für die Herstellung der freund-schaftlichen Sonderbeziehung mit Russland, das aus einer freien Entscheidung aufhörte, ein Rivale zu sein. Die deutschen Regierungen begnügten sich aber gene-rell mit dem Anbeten von Michail Gorbatschow, den Gewinnchancen im russischen Handel und dem Umar-men mit dem ewig betrunkenen Boris Jelzin und seinen Kollegen. Ansonsten versteckte man sich hinter dem Rücken der Amerikaner und meinte, alles stehe zum Besten in dieser besten aller Welten.

Die einzige Ausnahme bildete die Kanzlerschaft von Gerhard Schröder. Die deutsch-französisch-russische Troika versprach reale Chancen zur endgültigen Über-windung der Überreste des Kalten Krieges auf dem Kontinent und zur Öffnung der Horizonte der tiefge-henden gesamteuropäischen Zusammenarbeit. Leider endete Schröders Zeit bald.

4. Kapitel

Die Weltkrisen des 21. Jahrhunderts

Das Ende der Konfrontation, als welches man die Ereignisse der Periode 1989–1991 fast einheitlich zu bezeichnen pflegt, legte den Glauben nahe, dass sich die Welt mitten im Übergang von der ununterbrochenen Kette von Krisen und Erschütterungen am Rande einer globalen Katastrophe zur Epoche des allgemeinen Friedens und der uferlosen brüderlichen Liebe befände.

Wer ist schuld?

Berlin war ein guter Beobachtungspunkt für den Stimmungswandel in Europa in dieser Zeit, und ich kann bestätigen, dass nicht nur die Deutschen, sondern auch die verantwortlichen Amerikaner, Engländer, Franzosen, mit denen ich damals regelmäßig Gespräche führte, davon überzeugt waren, dass wir Zeugen des beginnenden goldenen Zeitalters der menschlichen Geschichte werden würden. Ein Vierteljahrhundert später stehen wir vor einem Scherbenhaufen von verwelkten Hoffnungen und zerstobenen Illusionen, und uns ist wieder bange um die Zukunft der Menschheit.

Wir müssen feststellen, dass die zahlreichen Möglichkeiten und Gelegenheiten, die sich in der Tat geboten haben, in der darauffolgenden Zeit schonungslos in den Wind geschlagen wurden. Ich habe meine Zweifel, was den Nutzen der Suche nach den Ursachen dieses Unglücks anbetrifft – gehört wird nur das, was man hören möchte. Die große klassische russische Literatur fordert jedoch eine direkte Antwort auf die brennende Frage der Gegenwart: »Wer ist daran schuld?« So eine Verhaltenslinie scheint eher der garantierten Verhinderung der analogen Entwicklungen in der Zukunft zu dienen. In diesem Fall muss aber Fraktur geredet werden.

Unter den zahlreichen Begleiterscheinungen des Untergangs der Träume von einer heilen Welt gibt es solche von grundlegender und solche von nebensächlicher Bedeutung. Will man eine gemeinsame Wurzel der mannigfaltigen Krisenerscheinungen der damaligen und auch heutigen Welt ausfindig machen, fällt dem Wissbegierigen eigentlich nur eines ein: die allgegenwärtige Supermacht Amerika. Überall, wo etwas explodiert oder schiefgeht, sind die USA beteiligt. Das unverfrorene Agieren eines einzigen Landes, das mächtig genug ist, seine globale Dominanz nicht nur zu konzipieren, sondern auch vielerorts durchzusetzen, richtet die Stabilität der Welt zugrunde.

Der amerikanische Messianismus wird grundsätzlich als Naturrecht gepriesen, als eine Fügung des Himmels, so etwas wie der Wille der Vorsehung. Alle, die nicht einverstanden sind, sich querlegen oder die moralische Berechtigung einer solchen Weltauffassung in Frage stellen, sind deshalb Sünder, Höllenbrut und Todfeinde der Menschheit. Es ist unendlich schwer, mit so einem Gesprächspartner zu verhandeln, vernünftige Absprachen zu finden, einfach friedlich nebeneinander zu bestehen. Denn die Spielregeln werden am laufenden Band und ohne Vorwarnung geändert, das doppelte Maß bei der Einschätzung der Situation als eine normale Praxis angewandt, der Frontwechsel als Ehrensache dargestellt. Und dennoch ist man gezwungen, unendliche Geduld an den Tag zu legen, Gespräche weiterzuführen, immer neue Lösungsvarianten zu erproben, um das Inferno eines neuen globalen Konflikts nur in den Phantasien der drittklassigen Buch- und TV-Autoren auf ewig zu belassen.

Die große Krise des 21. Jahrhunderts spielt sich auf verschiedenen Ebenen gleichzeitig ab. Im Zentrum des Weltgeschehens steht der Zusammenstoß zwischen dem internationalen Terrorismus und der gesamten Menschheit. Die Verantwortung dafür ausschließlich den Islam-Eiferern zur Last zu legen, wäre zu einfach. An der Wiege dieser Art von religiös motiviertem Terror standen die amerikanischen Geheimdienste, die in den 1980er Jahren für den islamischen Untergrund im Kampf gegen das begrenzte sowjetische Truppenkontingent in Afghanistan schwere Waffen besorgt haben. Wie zu erwarten war, rebellierte das uneheliche Kind später gegen seinen Schöpfer. Spätestens am 11. September 2001 gerieten die USA in die Situation des modernen Frankenstein. Die Leidtragenden waren jedoch nicht die Politiker, sondern die Masse von einfachen Menschen.

Trotz dieser blutigen Lehre setzten sich die Eingriffe von außen in die lokalen politischen Prozesse rund um den Erdball fort. Westliche Interventionen wurden im Irak, in Libyen unternommen, die Katastrophe in Syrien stand kurz vor ihrer Vollendung. Manchmal blieben die USA im Hintergrund, und es waren die europäischen NATO-Mitglieder Frankreich und England, die die Initiative an sich rissen, aber ohne US-Billigung und Unterstützung hätten sie keinen einzigen Schritt gewagt. Heute liegen führende Nahost-Mächte in Ruinen, der Bürgerkrieg tobt überall, die Terroristen basteln an einem »Islamischen Staat« (»Kalifat«), der ein gutes Stück Kontinentaleuropas in seinen Bestand einschließen sollte. Die Europäische Union ist mit den Immigranten überflutet, immer wieder werden die europäischen Metropolen von den Terroraktionen heimgesucht, den Europäern wird die Möglichkeit geraubt, ihren hart erarbeiteten Wohlstand in Ruhe zu genießen.

Russland wurde sehr früh mit den unmenschlichen Praktiken der Terroristen konfrontiert. Ende der 1990er bis hinein in die nuller Jahre wurden auf dem Gebiet der Russischen Föderation zahlreiche Züge, Bahnhöfe, Wohnhäuser gesprengt, Geiseln in Krankenhäusern, Bussen, Schulen und Theaterzentren gefangen genommen. Bis heute erinnert sich das ganze Land mit Schaudern an den Terrorakt im Moskauer Theatersaal *Dubrowka*, wo vom 23. bis 26. Oktober 2002 über 900 Geiseln drei Tage lang ausharren mussten. Bei ihrer Befreiung kamen 130 Geiseln, darunter 10 Kinder, und alle 40 Terroristen ums Leben. Unvergessen bleibt auch der Terrorakt in einer Schule in Beslan, Nordossetien, mit 1.128 Geiseln, fast alle Schulkinder, der am 1. September 2004, bei der feierlichen Eröffnung des neuen

Schuljahrs, verübt wurde. Als am dritten Tag des Geiseldramas bei unkontrollierbaren Explosionen innerhalb des Schulgebäudes der Sturm auf dasselbe spontan begann, an dem auch bewaffnete Eltern teilgenommen haben, starben 314 Geiseln, darunter 186 Kinder. Insgesamt, die gefallenen Retter mit eingerechnet, fanden in Beslan 333 Menschen den Tod, über 800 wurden verwundet; alle 28 Terroristen wurden erschossen.

Die Forderungen der Terroristen bei den Geiselnahmen waren gewöhnlich auf den Rückzug der Armeeeinheiten aus Tschetschenien gerichtet. Seit Tschetschenien vermochte, sich von den Terroristen zu befreien, konzentrierten sich die Banditen auf die Vorbereitung der Ausrufung eines gesamtkaukasischen islamischen Staates und begannen vornehmlich, die Angehörigen des Innenministeriums und Vertreter der lokalen Machtstrukturen zu morden. Das bedeutet nicht, dass die Terroristen auf die Aktionen woanders verzichtet hätten.

Am 24. Januar 2011 geschah zum Beispiel das Selbstmordattentat in den Ankunftsräumen des Moskauer Flughafens Domodedowo – mit 37 Opfern. Ich wäre beinahe Augenzeuge von diesem Ereignis geworden – um die Zeit (16.38 Uhr) befand ich mich im Abflugraum des Flughafens. In einigen Minuten sollte das Boarding zu meinem *airberlin*-Flug starten (ich musste nach Berlin zur Sitzung einer Arbeitsgruppe des Wissenschaftlichen Beirats des Deutsch-Russischen Museums Berlin-Karlshorst, wo ein neues Konzept der ständigen Exposition vorbereitet werden sollte). Dass der Boden im Warteraum im zweiten Stock bebte, war sehr deutlich zu spüren, nur wusste man zuerst nicht, was das bedeuten sollte.

Nach zwei Sekunden aber lief schon die Nachricht durch die Menge: Attentat! Die entsprechende Auskunft erschien fast sofort auf den Bildschirmen des Fernsehens, und meine Frau rief mich von zu Hause aus an mit der Frage: »Was ist passiert?« Ich war nicht imstande, genaue Angaben zu liefern, konnte sie jedoch beruhigen: Mir und den Leuten um mich herum ging es wirklich bestens. Es gab keine Panik, alles lief ganz normal ab, der Abflug verlief plangemäß und ruhig. Seit diesem Vorfall ziehe ich es dennoch vor, vom Flughafen Scheremetjewo zu fliegen.

Starker Staat versus Terrorismus

Es dauerte ziemlich lange, bis der Staat wieder Herr der Lage zu werden vermochte. Während der Perestroika und besonders nach der Auflösung der UdSSR konzentrierten sich die Anstrengungen der Reformisten auf die Demontage des Sonderdienstes KGB – ungefähr so, wie das mit der Stasi in der DDR geschah. Im DDR-Fall war die Stasi aber sofort durch die westdeutschen Geheimdienste ersetzt worden, und der allgemeine Sicherheitszustand blieb mehr oder weniger verlässlich aufrechterhalten. In Russland gestaltete sich die Situation weniger komfortabel. Der neue Föderale Sicherheitsdienst FSB musste zuerst seine Personal- und Erfahrungsschwäche überwinden, was unersetzliche Zeit kostete. Jedoch wurde allmählich die Arbeit des FSB professioneller, sicherer und erfolgreicher. Heute gelingt es, die überwiegende Mehrheit der geplanten Terrorakte rechtzeitig zu verhindern. Aber die terroristische Gefahr ist immer noch da.

Eine gewisse Entlastung in diesem Sinne brachte ganz unerwartet die Entscheidung der Nahost-Islamextremisten 2013, die Idee des Gottesstaates auf Erden zu realisieren – zuerst in der Form eines Islamischen Staates im Irak und der Levante (ISIL) und ab Juni 2014 als ein »Weltkalifat«. Dabei mussten die unmenschlichsten Methoden die Atmosphäre der Furcht verbreiten, damit keiner sich wage, dagegen zu rebellieren. Der islamische Quasi-Staat rief alle rechtgläubigen Muslime der Welt auf, sich ihm anzuschließen und den Heiligen Krieg für seinen globalen Sieg zu führen. Mitte 2015 sollten die IS-Streitkräfte über 60.000 fanatische Kämpfer verfügen, von denen mindestens 2.400 aus Russland stammten. Durch den Abfluss der IS-Militanten (nicht unbedingt ethnischer Kaukasier) Richtung Nahost schwächte sich die Aktivität der Terroristen in Russland etwas ab, aber es war klar, dass das nur ein vorübergehendes Phänomen sein kann. Gelänge den Extremisten, den Kollaps der staatlichen Institutionen im Irak und in Syrien zu vervollständigen, wären sie nach Russland zurückgekommen – kampferprobt, durchtrainiert und siegessicher. Neue Verluste, neue Zerstörungen, neue Unsicherheiten würden unvermeidlich.

Das ließ nur eine logische Schlussfolgerung für die russische Führung zu: Es ist lebenswichtig, die Terroristen dort zu erreichen, wo sie im Moment sind – noch bevor die Voraussetzungen für ihre Rückkehr reifen.

Auf die sogenannte internationale Koalition mit den USA an der Spitze, die den Anspruch erhob, im Nahen Osten nach dem Rechten zu sehen, war kein Verlass – sie operierte laienhaft, ohne klares Ziel, fahrlässig. Es war vor allem unverständlich, gegen wen die amerikanische Koalition eigentlich kämpfte – gegen die Terroristen oder gegen die syrische Regierung des Präsidenten Baschar al-Assad, die einzige legale Regierung in Syrien. Als Terroristen bezeichne ich hier die bewaffneten Gruppierungen mit ausländischen Söldnern, die als solche international – insbesondere vom UN-Sicherheitsrat – anerkannt sind und die IS-Kämpfer unterstützen.

Alles sah so aus, als sei die Absetzung Assads das Einzige, das Washington wirklich interessiere. Die Ermordung von Saddam Hussein im Irak und Muammar al-Gaddafi in Libyen demonstrierte jedoch deutlich genug, welche Folgen die gewaltsame Liquidierung von Machtzentren in dieser Region unausweichlich heraufbeschwört – im führungslos gewordenen Land können nur Anarchie und Chaos aufblühen. Jedoch ausgerechnet Chaos (formell: »Kontrollierbares Chaos«) war das Ziel der amerikanischen Strategen. Dabei wusste niemand genau, wie dieses heiße Gericht zu genießen wäre. Die Praxis zeigte, dass sich das Chaos nicht kontrollieren lässt und immer gut für blutige Überraschungen ist.

Willst du ein gutes Ergebnis haben, mache die Arbeit selbst

Ein russisches Sprichwort besagt: »Willst du ein gutes Ergebnis haben, mache die Arbeit selbst.« Moskau wollte ein gutes Ergebnis, deshalb musste es selbst in die Arena. Mitte des Jahres 2015 schien die Lage des syrischen Staates hoffnungslos geworden zu sein. Der IS kontrollierte bereits ungefähr 75 Prozent des Territoriums des Landes, das Areal der Terroristen wuchs ständig weiter, die Niederlage der regulären Streitkräfte war allem Anschein nach zum Greifen nah. Die Bitte des Präsidenten Assad an Russland um die sofortige Hilfe lag bereits seit einer ziemlich langen Zeit vor. Diese Hilfe musste jedoch sorgfältig vorbereitet werden. Am 30. September 2015 war es so weit. Die russische Luftwaffe nahm den Kampf gegen die IS-Terroristen in Syrien auf. Die Intensität der Schläge gegen Truppenkonzentrationen, Stäbe, Depots, unterirdische Unterkünfte, Erdöltransportkolonnen der Terroristen und so weiter war um ein Vielfaches gestiegen. Wenn die US-Koalition zwei bis drei Luftangriffe pro Woche flog, schlugen die Russen bis zu dreißig bis vierzig Mal pro Tag zu. Nicht nur die Flieger waren im Einsatz, die Marineschiffe vom Mittelmeer, Motorboote der Kaspischen Flottille und Langstreckenbomber aus dem Inneren Russlands beschossen und bombardierten die IS-Stellungen. In zwei Jahren waren es insgesamt circa 70.000 Schläge. Die Operationen wurden nicht verheimlicht, die Fotos und Videos von ihrem Ablauf konnten im Internet gesehen und verifiziert werden; ihre abschreckende Wirkung war überzeugend genug. Das Resultat: Das von der Regierung kontrollierte Gebiet ist viermal größer geworden, die Herrschaft der Terroristen in Syrien ist gebrochen, ihr Ende steht unmittelbar bevor. Der Alptraum des aggressiven terroristischen Religionsstaates ist wenigstens für die nächste Zukunft abgewendet.

Leider konnten die Verluste unter der Zivilbevölkerung nicht vermieden werden. Es muss aber anerkannt werden, dass die Russen alle möglichen Präventivmaßnahmen einsetzten, um sie zu minimieren. Eines muss klar benannt werden: Falsch wäre die Vorstellung, dass das Leben der Zivilisten ohne Bekämpfung der Terroristen von außen viel sicherer aussehen würde. Das Töten von Zivilisten gehört zum Alltag eines islamistischen Terrorregimes. Je früher und gründlicher die Terroristen neutralisiert werden können, desto mehr Zivilistenleben werden gerettet. Schuld für die zivilen Opfer des Syrien-Krieges tragen nicht die Kämpfer gegen die Terroristen, sondern diejenigen, die dieses Scheusal großgezogen haben.

Russland hat nicht nur die militärischen Mittel zur Normalisierung der Lage in Syrien eingesetzt – sie waren unabdingbar, aber allein genommen nicht ausreichend. Moskau hat auch den politischen Prozess des Ausgleichs zwischen den verschiedenen verfeindeten Fraktionen der syrischen Gesellschaft (mit Ausnahme von Terroristen und ihren Verbündeten) eingeleitet, indem es ihre Vertreter zu Direktgesprächen an einem Verhandlungstisch zusammenbringen konnte. So war es in Astana, Kasachstan, so war es auch vor Ort, manchmal in Form einer Skype-Konferenz. Das von Russland ins Leben gerufene Zentrum zur Aussöhnung der im Konflikt befindlichen Seiten Syriens leistete parallel eine vorbildliche Arbeit im Kampfgebiet. Die zur Kontrolle des Waffenstillstands eingesetzte russische Militärpolizei genoss allgemeines Vertrauen und konnte somit zum Rückgang der Gewaltanwendung beitragen. Zusammen mit der Türkei, die als Nachbarland an allem unmittelbar interessiert ist, was sich in Syrien abspielt, schlug Russland vor, dort die Deeskalationszonen zu schaffen, wo keine Bürgerkriegsaktionen stattfinden dürfen. Die Idee solcher Zonen hat sich durchgesetzt, und das Kriegsareal wurde immer schmaler. Die humanitäre Hilfe (Lebensmittel, Medikamente, Bekleidung, ärztliche Betreuung) für die Bevölkerung der vom Krieg verwüsteten und mit Hilfe russischer Unterstützung befreiten Gebiete Syriens kommt hauptsächlich aus einer einzigen Quelle – aus Russland. Der Westen verweigert die humanitäre Hilfe unter Berufung auf seine Sanktionen gegen Assad. Die UNO und internationale Hilfsorganisationen liefern die humanitäre Hilfe vornehmlich in die Territorien, die unter der Kontrolle der Terroristen und ihrer Verbündeten stehen. Die russischen Hilfslasterkolonnen tragen inzwischen enorm zur Verfestigung der Autorität Russlands bei, was wiederum der Zügelung der Terroristen dient.

Die bevorstehende Niederlage der Terroristen wird keineswegs bedeuten, dass die russische Mission in Syrien beendet sei. Die dramatischen Ereignisse in diesem Land werden offensichtlich eine Schleppe von Entwicklungen nach sich ziehen, die Russland unmittelbar berühren. Das Verhältnis zwischen den Fraktionen der moderaten, aber bewaffneten Opposition sowie zwischen ihnen und den Regierungstruppen wird wahrscheinlich noch Jahre der russischen Vermittlung in Anspruch nehmen. Zuzulassen, dass die Zusammenstöße erneut beginnen und wieder den bürgerkriegsähnlichen Charakter annehmen, würde bedeuten, dass alle friedensstiftenden Anstrengungen der letzten Zeit umsonst gewesen wären. Der Retter ist für den Geretteten verantwortlich. Russland ist noch nie seiner Verantwortung ausgewichen.

Die syrischen Ereignisse taugen für weitere Überraschungen. Plötzlich ist das Problem der russischsprechenden Kinder im Irak und in Syrien da. Es handelt sich um die Kleinkinder der Terroristensympathisanten aus Russland, deren beide Elternteile während der Kämpfe verschollen oder umgekommen sind. Sie sind in örtliche Kinderheime eingewiesen worden, sie sind traumatisiert, können kaum sprechen und wissen nicht, wer ihre Eltern sind und wo sie bleiben. Die Kinder wurden nur identifiziert, weil sie untereinander auf Russisch kommunizierten. Die Behörden vor Ort hegten die Hoffnung, dass manche von ihnen noch Verwandte in Russland haben. Ende August 2017 wurden die ersten fünf Kleinen nach Grosny, Tschetschenien, zurückgeflogen. Ihre Verwandten, die sie abholten, waren ausschließlich in der Nachbarrepublik Dagestan wohnhaft, aber der Mann, der die Kinder ausfindig machte und alle Formalitäten für ihre Heimkehr erledigte, ist der Nahost-Sondervertreter des tschetschenischen Oberhaupts Ramsan Kadyrow. Die Suche nach anderen russischen Kindern geht weiter. Man muss annehmen, dass auch neue humanitäre Probleme ganz unerwartet auftauchen. Wir müssen uns ihnen stellen.

An und für sich könnten die Russen in ihrem aktiven Kampf gegen den internationalen Terrorismus ein wenig mehr Verständnis aus Deutschland erwarten, als es der Fall ist. Gewiss sind die Terrorakte in Deutschland, verübt durch islamistische Fanatiker, nicht so zahlreich. Wer aber ist imstande, zu behaupten, dass es auch in der Zukunft so bleiben würde? Die entschiedene Neutralisierung der musterhaft ausgebildeten, schwer bewaffneten, bestens motivierten Terroristen in Syrien ist eine Garantie, dass sie niemals mehr nach Europa einsickern.

Die Befreiung des syrischen Territoriums vom IS und anderen Banditen bringt Europa noch ein Plus – die Bevölkerung Syriens kehrt in ihre Städte, in ihre Häuser zurück, renoviert die Wohnungen, beginnt mit dem normalen zivilen Leben. Das heißt, dass diese Leute sich nicht in die Masse der Immigranten einreihen, die Europa überfluten. Warum sind dann die deutschen Medien voll von Falschmeldungen über Russland, die von den Handlangern der Terroristen erfunden und verbreitet werden? Voll von boshaften Kommentaren, deren einziges Ziel darin besteht, die Russen und nicht die Terroristen als Feinde der Zivilisation zu brandmarken? Warum wird hier jede dumme Erfindung der amerikanischen *Fake*-Medien mit Freude übernommen, nur weil sie antirussische Stimmungen entfacht? Ist der Eingriff der Russen in Syrien nicht der Dankbarkeit, Unterstützung und eines Lobes von deutscher Seite würdig, für die so viele Probleme durch die Immigration von Islamisten entstehen?

Der verlässliche Frieden in Syrien wird ein wichtiger, aber nur partieller Sieg im Kampf gegen die totale terroristische Bedrohung sein. Der internationale Terrorismus ist weit davon entfernt, am Ende zu sein. Seine Überwindung wird der Menschheit weiter viele Opfer abverlangen. Aber die syrische Erfahrung zeigt, dass der Terrorismus trotz allem Grauen, das er verbreitet, doch besiegbar ist. In der weltweiten antiterroristischen Schlacht ist Syrien zu einer fundamentalen Stütze der Sicherheit des russischen Staates geworden. Dieses Land wird zum Fanal der Wende im Ringen, von dessen Ausgang unser aller Schicksal abhängt. Darüber hinaus ist Syrien ein wichtiges Nachbarland Russlands in einer Region von äußerster Bedeutung für die Weltpolitik. Die Situation dort darf Russland nicht aus den Augen verlieren.

Brennpunkt Ukraine, Luntenleger USA

Jedoch ist die Terroristenbekämpfung in Syrien nicht der einzige Punkt auf der internationalen Tagesordnung Russlands. Anlass für russische Sorgen und Beunruhigungen geben auch andere Regionen der Welt. Zum Brennpunkt am außenpolitischen Horizont Russlands ist in den letzten vier Jahren auch die Ukraine geworden.

Man kann nicht sagen, dass Moskau die Beziehungen zur Ukraine jemals vernachlässigt hätte. Die Ukraine ist nicht nur das zweitgrößte Nachfolgeland der UdSSR (über 42,5 Millionen Einwohner), sondern auch der territorial größte europäische Staat, der ganz in Europa liegt (603.500 Quadratkilometer). Zum Vergleich: Bundesrepublik Deutschland – über 80 Millionen Einwohner, 357.000 Quadratkilometer Fläche; Polen – 38,5 Millionen Einwohner, 312.500 Quadratkilometer. Die russisch-ukrainische Landgrenze beträgt 1.955 Kilometer Länge (die Meeresgrenze zwischen der Ukraine und Russland im Schwarzen und Asowschen Meer blieb ungeregelt, wie übrigens auch die Meeresgrenze der Ukraine mit Rumänien). In der Sowjetzeit war die Wirtschaft beider Länder auf das Engste verflochten, darunter in solch hochentwickelten Industriezweigen wie kosmische und militärtechnische Produktion. Nach der Auflösung der UdSSR sind die Ukraine und Russland Mitglieder der Gemeinschaft Unabhängiger Staaten (GUS) geworden, die unter anderem eine Art Freihandelszone bildet.

Die russische Politik Kiew gegenüber war nach 1991 stets sehr vorsichtig und zuvorkommend, darauf bedacht, das ukrainische Nationalgefühl zu schonen. Kein einziges Mal wurde das Krim-Problem angesprochen, obwohl die Übergabe der Halbinsel von der Russischen Sozialistischen Föderativen Sowjetrepublik an die Ukraine 1954 unter Verletzung der UdSSR-Verfassung stattfand (die entsprechende eigenmächtige Entscheidung von Nikita Chruschtschow wurde nachträglich durch die oberste Instanz der Kommunistischen Partei der Sowjetunion bestätigt und dann durch das Präsidium des Obersten Sowjets der UdSSR sanktioniert, das verfassungsmäßig nicht bevollmächtigt war, die Territorien der Unionsrepubliken zu ändern). Darüber hinaus hat man bei der hastigen Torpedierung der Sowjetunion 1991 im Urwald bei Minsk (da versammelten sich heimlich die Oberhäupter der Unionsrepubliken Russlands, der Ukraine und Belarus') zu erwähnen vergessen, dass Russland die Städte, die dem Zentrum direkt untergeordnet waren, in seiner Kompetenz erhalten musste. Sewastopol war wegen der Funktion als Hafen der sowjetischen Schwarzmeerflotte eine der Zentralregierung direkt untergeordnete Stadt, wurde aber 1991 der ukrainischen Jurisdiktion überstellt. Das schaffte einen Berg von Problemen, da diese Stadt weiter als Hafen für die nunmehr russische Schwarzmeerflotte diente. Alle auf dem Festland befindlichen Flotteneinrichtungen mussten von Russland gemietet werden. Die Details wurden in langwierigen und komplizierten Verhandlungen für die Periode bis 2042 auf der folgenden Grundlage festgelegt: Die russische Schwarzmeerflottenbasis konnte weiter funktionieren im Umtausch gegen 30 Prozent Rabatt für die russischen Gaslieferungen und 40 Milliarden Dollar Pachtleistungen zugunsten der Ukraine. Die Präsenz des russischen bewaffneten Marinepersonals mit Bodentruppeneinheiten zur Bewachung der Küsteneinrichtungen der Flotte in Sewastopol war somit vertraglich abgesichert.

Einen ganz anderen Charakter trug die Ukraine-Politik der USA, die noch vor 1991 rege Aktivitäten gerade in dieser Republik an den Tag legten. Sie war von Anfang an bedeutend profilierter und drängender als die zurückhaltende Linie Russlands. Die einflussreichen US-Theoretiker aus dem Lager der Neokonservativen forderten, alle Mittel zur Verhinderung einer hypothetischen russisch-ukrainischen Annäherung einzusetzen. Sie lehrten, dass eine Wiedergeburt der Sowjetunion dem sakrosankten Interesse Amerikas widerspräche, diese aber nur durch einen endgültigen Bruch zwischen Russland und der Ukraine abgewendet werden könnte. Der Sinn der amerikanischen Strategie war dementsprechend äußerst einfach, sogar primitiv: Die Ukraine sollte ein Anti-Russland werden, das heißt ein Staat, der niemals und unter keinen Umständen ein leidliches Verhältnis zu Russland unterhalten würde.

Der Guru der US-Geostrategie, Zbigniew Brzeziński, weist in seinem Standardwerk *Das große Schachbrett. Amerikanischer Vorrang und seine geostrategischen Imperative* (1997) darauf hin, dass die USA nach dem Sieg über die Sowjetunion auch Russland unschädlich zu machen haben. Diesem Ziel würde am besten die Dezentralisierung Russlands in Form einer freien (lockeren) Konföderation aus dem europäischen Teil des Landes, der Republik Sibirien und der Fernostrepublik dienen. Solch eine Föderation sei ein wirksames Mittel gegen die Versuchung, ein neues russisches Imperium ins Leben zu rufen. Ein untrennbarer Teil dieser breitangelegten eurasischen Strategie der Vereinigten Staaten sollte die politische und wirtschaftliche Unterstützung der wichtigsten Nachfolgeländer der UdSSR sein, die neuerdings ihre Unabhängigkeit erlangt haben. Die Stärkung der souveränen Ukraine, die sich nun als ein osteuropäisches Land begreift und eine engere Zusammenarbeit mit der europäischen Region anstrebt, ist eine äußerst bedeutende Komponente der US-Gesamtpolitik.

Es muss gesagt werden, dass das Aktionsprogramm von Brzeziński keineswegs nur Theoretisierung eines Kabinettsphantasten darstellt. Seine Ideen begeisterten mehrere Generationen der politischen Lenker der Vereinigten Staaten. Die von ihm formulierte Zielsetzung wurde deckungsgleich mit den praktischen Schritten der amerikanischen regierenden Eliten des jüngsten Vierteljahrhunderts.

Die Amerikaner verfügten im Gegensatz zu den Russen über unbegrenzte finanzielle Ressourcen, und sie setzten diese Ressourcen ein. Was die Ukraine anbetrifft, konnten sie sich auf eine einflussreiche politische Kraft innerhalb des Landes stützen – auf eine extrem nationalistische Strömung, die besonders aktiv in den westlichen Regionen des Landes ist. In diesem Fall rächt sich unerwartet stark die Entscheidung Josef Stalins von 1939, die Großukraine durch die Eingliederung der vormalig polnischen Westukraine in die sowjetische Kernukraine entstehen zu lassen. So bekam Galizien, eine ukrainische Provinz, die niemals im Bestand des russischen Staates war (sie gehörte vor dem Ersten Weltkrieg Österreich-Ungarn und dann bis 1939 Polen an), die Gelegenheit, die übrige Ukraine im russophoben Geiste zu beeinflussen. Die österreichischen Regimenter, formiert vornehmlich aus Galiziern, kämpften gegen die russische Armee im Ersten Weltkrieg, die SS-Bataillone der gleichen Zusammensetzung – gegen die Rote Armee im Zweiten Weltkrieg. Die Handlanger der Nazi-Okkupanten Stepan Bandera und Roman

Schuchewitsch sind heute Nationalhelden des gegenwärtigen Regimes in der Ukraine.

Die Situation im postsowjetischen Raum war ohnehin durch die ethnokratischen Tendenzen unheilschwanger – alle neuen Staaten (außer vielleicht Russland) strebten zunächst danach, mononational zu werden, was in der Alltagssprache bedeutete: Nieder mit allen anderen Nationalitäten und vor allem weg von Russland! Ein mononationaler Staat war auch in der postsowjetischen Zeit eine reine Utopie, weil die Bevölkerung der Sowjetunion eine höchst intensive Mischung von allen möglichen Nationalitäten darstellte, was eigentlich eine Stärke war, wenn man die Sache von der richtigen Kante anzupacken verstand. Aber das zu begreifen und die damit verbundenen Möglichkeiten zu nutzen, braucht Zeit, Geduld und Erfahrung. All das fehlte damals.

Die ukrainischen Politiker waren nicht weiser als die übrigen. »Die Ukraine für die Ukrainer« – das war seit Anbeginn der selbständigen Ukraine die Höhe des ukrainischen politischen Denkens. Mit dem amerikanischen wie europäischen Geld und Tausenden von amerikanischen - und EU-Beratern driftete die Ukraine immer weiter nach rechts, in die Ecke des Supernationalismus. Formell hatte sie den Status eines neutralen Staates, in der Praxis entfernte sie sich außenpolitisch immer mehr von Russland. Im wirtschaftlichen Bereich blühte jedoch die ukrainisch-russische Kooperation weiter. Das schenkte der Ukraine ihre fettesten Jahre der postsowjetischen Zeit. Am Anfang des laufenden Jahrhunderts sicherten die ukrainischen Bindun-

gen nach West und nach Ost einen Bruttoinlandspro-
dukt-Zuwachs von 9 bis 12 Prozent jährlich.

Wie es in der Ukraine wirklich war

Die osteuropäischen Erfahrungen von 1989/90 berei-
cherten die Palette der außenpolitischen Instrumente
des Westens, in erster Linie der Amerikaner. Besonders
eindrucksvoll war für sie das Anti-DDR-Experiment,
wo in weniger als einem Jahr ein leidlich funktionieren-
der Staat mit seiner effektiven Polizei, mit Sicherheits-
kräften, Armee, Block-Parteiensystem, verlässlichen
Sozialeinrichtungen, mit Verbündeten, sogar mit einer
der stärksten Streitkräftegruppen einer der beiden Su-
permächte auf seinem Territorium sang- und klang-
los unter dem zielbewusst gesteuerten Druck der Straße verschwunden war. Eben hier sind die Ursachen zu
suchen, wieso der sogenannte Maidan (ungenehmigte
ständige Demonstration auf den Plätzen und Straßen,
bei denen sich die Demonstranten wohnlich in ihren
Zelten einrichten) immer wieder in der neuesten ukrainischen Geschichte auftaucht. Der Maidan erzeugt den
erwünschten Druck auf die Regierung, und wenn es gelingt, diese Regierung durch die äußere Einwirkung von
Gegenmaßnahmen abzuschrecken, kommt die erhoff-
te Gelegenheit, eine Wachablösung in den höchsten
Machtetagen zu bewerkstelligen.

Im November 2013 entstand in Kiew der Euromai-
dan als Reaktion auf die Entscheidung des Präsidenten
Viktor Janukowitsch, die geplante Unterzeichnung des

Assoziationsabkommens mit der Europäischen Union aufzuschieben, da seine Auswirkungen für die ukrainische Wirtschaft nicht klar genug festzustellen waren. In der Tat war das Taktieren Janukowitschs alles andere als durchdacht und klug. Russland hat bereits vor geraumer Zeit vor der einseitigen wirtschaftlichen Orientierung auf die EU gewarnt – wenn, wie geplant, eine europäisch-ukrainische Freihandelszone geschaffen wäre, hätte das ein jähes Ende für den russisch-ukrainischen freien Handel gebracht. Russland hätte die Situation nicht billigen können, bei der die europäischen Waren über die Ukraine ohne Zoll und Kontrolle den russischen Markt überfluten würden. Nur für die westlichen Polittechnologen wäre die Konzeption des Abkommens ideal: Europa könnte die Ukraine unter die Fuchtel nehmen, während Russland dafür bezahlen würde.

Der Maidan-Verlauf war anfänglich ziemlich lau. In den Zelten auf dem Platz der Unabhängigkeit, der als Paradeplatz der Ukraine gilt, hausten ein paar Hundert Studenten. Sie forderten, der Präsident habe unverzüglich abzudanken und die Unterzeichnung des Abkommens mit der EU sei sofort nachzuholen. Kaum jemand hat sich die Mühe gemacht, den Text mit den vielen Anlagen zur Kenntnis zu nehmen, aber alle wussten genau: Janukowitsch habe dem Druck aus Moskau nachgegeben und auf die europäische Zukunft für die Ukraine verzichtet. Die Jugendlichen hüpften lustig in den Straßen und auf den Plätzen und riefen: »Wer nicht hüpft, ist Moskal!« (»Moskal« ist ein verächtlicher Spitzname für die Russen) und »Die Ukraine ist Europa!«

In der Nacht zum 1. Dezember räumte die Polizei den Platz, da dort traditionsgemäß der Hauptchristbaum des Landes aufgestellt werden musste. Ob dabei die Polizei zu grob die Studenten angefasst hatte, blieb im Dunkeln. Die Drahtzieher sahen jedoch ihre Sternstunde gekommen. Am nächsten Tag waren die Maidan-Okkupanten wieder da – und diesmal nicht nur Studenten. Nun entstand ein Staat im Staate – mit seinen eigenen Kampfeinheiten, Ordnungskräften, einer öffentlich gewählten Regierung. Dies alles kostete viel Geld – und das Geld floss in Strömen aus dem In- und Ausland. Der Unterschied bestand nunmehr auch darin, dass die Barrikaden gebaut und regelrechte Schlachten mit der Polizei unter Einsatz von Molotow-Cocktails veranstaltet wurden. Es gab Verletzte auf beiden Seiten. Den »Maidan-Staat« besuchten Botschafter, hohe ausländische Gäste. Im Dezember 2013 war die Assistentin des US-Staatssekretärs, Victoria Jane Nuland, da. Das Video über den Verlauf dieses Besuchs zeigten alle TV-Programme der Welt in der Primetime. Nuland verteilte Gebäck an die Kämpfer – und sicher nicht nur Gebäck.

Mit der amerikanischen Unterstützung konnten die Aufständischen immer unverfrorener handeln. Als am 21. Februar 2014 Janukowitsch die Polizei unter dem deutsch-französisch-polnischen Druck zurückbeorderte, besetzten die Sturmgruppen des Maidans die Regierungsämter und hätten beinahe den Präsidenten selbst ermordet. Die Westler, die soeben ein Stillhalteabkommen Janukowitschs mit den Aufständischen durch ihre Unterschriften beglaubigten, vergaßen sofort, was sie getan haben. (»Mein Name ist Hase, ich weiß von nichts!«) Hauptergebnis: Die Sache war gelaufen. Die Ukraine hatte eine neue Führung, die absolut und kompromisslos antirussisch war.

Kiews Drift weg von Russland hatte nicht nur eine außenpolitische Dimension. Innenpolitisch fand sie sofort ihren Ausdruck in der entschiedenen Bekämpfung des Gebrauchs der russischen Sprache. Fast jeder Ukrainer kennt Russisch und benutzt diese verwandte Sprache in seinem Alltagsleben. Mehr als die Hälfte der Einwohner des Landes zieht vor, Russisch in seinen verschiedenen ukrainischen Varianten (Dialekten) ständig zu gebrauchen. Die Zweisprachigkeit (vor allem in der Ostukraine) war bis vor kurzem gesetzmäßig dadurch abgesichert, dass Russisch einen Regionalsprachenstatus hatte, während Ukrainisch die Staatssprache blieb. Die neuen extrem nationalistischen Machthaber des Landes haben die entsprechende Gesetzgebung unverzüglich außer Kraft gesetzt und die Benutzung der russischen Sprache in allen offiziellen und in den meisten übrigen Fällen flächendeckend verboten. Sogar die Werke des genialen Schriftstellers des 19. Jahrhunderts Nikolai Gogol, der aus der Ukraine stammte, aber auf Russisch schrieb, mussten nachträglich ins Ukrainische übersetzt werden. Die Verfolgungen begrenzten sich nicht auf den sprachlichen Bereich, zu ihrem Opfer wurde die politische Opposition insgesamt, obwohl sie vor dem Putsch über die Stimmenmehrheit im Parlament verfügte. Die Revolution der Würde, wie der Staatsstreich von seinen Urhebern veredelt wurde, löste eine furchterregende Terrorwelle aus.

Besonders hart trafen die neuen Diskriminierungs-
maßnahmen der Zentralregierung die Menschen in der
Südukraine und auf der Krim. Historisch gesehen bestand diese Region aus den Territorien, die ursprünglich in keiner Beziehung zur Kernukraine standen. Der
nördliche Küstenstreifen des Schwarzen Meers kam
zum Russischen Imperium erst im 18. Jahrhundert
nach der Zerschlagung des Krimtatarischen Khanats.
Die Zarenregierung lud die Übersiedler aus allen Regionen Russlands und aus dem Ausland ein (es gab sehr
viele Deutsche, die ihr Glück auf dem Neuland versuchten), das dünnbesiedelte beziehungsweise unbesiedelte
Land zu kultivieren. Es wurde von Katharina II. auf *Noworossija* (»Neurussland«) getauft. Dieser Name wurde genauso verwendet, wie Großrussland (eigentliches
Russland) und Kleinrussland (die Ukraine). 1783 wurde
Noworossija auch die Krim zugeteilt. Später entstanden
in der Region bedeutende Betriebe des Kohlenberg-
baus (Donezk-Kohlenbecken) und der Schwerindustrie. Nach den Revolutionen von 1917 und dem nachfolgenden Bürgerkrieg war der Gebrauch des Namens
Noworossija als klassenfremd verpönt. 1918/19 existier-
te auf dem Gebiet vom vormaligen *Noworossija* eine autonome Donezk-Krivoi-Rog-Republik im Bestand der
Russischen Sowjetischen Föderation. Danach war sie
der Ukrainischen Sowjetischen Republik samt einigen genuin russischen Territorien zugeteilt. 1938 wurde die Region von Donezk zweigeteilt – in das eigentliche Donezk-Gebiet und das Lugansk-Gebiet. Nach dem
Putsch 2014 in Kiew ist der Begriff *Noworossija* aus der
Vergessenheit auferstanden, da die Mehrheit der Bevöl-

kerung der Süd-Ost-Ukraine mit den nationalistischen Umstürzlern nichts zu tun haben wollte und es vorzog, sich von ihnen abzugrenzen.

Die Autonome Republik Krim (der einzige autonome Bestandteil der postsowjetischen Ukraine) hatte dank der Besonderheiten ihres historischen Schicksals (die Krim gehörte bis 1954 der Russischen Föderation an) eine fast ausschließlich aus den ethnischen Russen mit den Einnistungen von Krimtataren bestehende Bevölkerung. Die Verfassung der Autonomen Republik sah die Möglichkeit vor, örtliche Referenden durchzuführen. Nach dem Putsch beschloss das Parlament der Krim angesichts der Bedrohung für die Sicherheit der Halbinsel durch die Kiewer Nationalisten, die Wähler über das weitere Schicksal der Autonomen Republik entscheiden zu lassen. Am 16. März 2014 fand das Krim-Referendum statt. 96,77 Prozent Stimmen bei einer Beteiligung von 83,1 Prozent der registrierten Wähler wurden in der Autonomen Republik zugunsten der Aufnahme in die Russische Föderation abgegeben. In Sewastopol haben sich 95,6 Prozent bei einer Beteiligung von 89,5 Prozent im gleichen Sinne ausgesprochen. Am 17. März erkannte Russland die Resultate des Krim-Referendums an, am nächsten Tag wurde der Vertrag über die Eingliederung der Republik Krim und der Stadt Sewastopol in die Russische Föderation unterzeichnet.

Viel dramatischer verliefen die Ereignisse in der Süd-Ost-Ukraine. Dort griffen die Anti-Maidan-Demonstranten spontan zu den Maidan-Methoden (Okkupation von Machtzentren und Regierungsgebäuden, Inbesitznahme von Waffenlagern und so weiter), um ihrem Protest gegen den Putsch Ausdruck zu verleihen. Der überwiegende Teil der Anti-Maidan-Opposition konzentrierte sich auf die Pläne, *Noworossija* wiederauferstehen zu lassen. Als erster Schritt wurde die Wiederherstellung der autonomen Donezk-Krivoi-Rog-Republik angesehen, diesmal in Gestalt von der Donezker Volksrepublik (DNR) und der Lugansker Volksrepublik (LNR). Die Entscheidungen über entsprechende Referenden wurden von den lokalen Behörden im März 2014 angenommen. Anfang Mai 2014 fanden die Referenden statt, und in Übereinstimmung mit ihren Ergebnissen wurde die Souveränität der beiden Republiken proklamiert. Am 24. Mai 2014 haben sie die Konföderation *Noworossija* gebildet.

Ursprünglich meldeten die Republiken den Wunsch an, in den Bestand der Russischen Föderation aufgenommen zu werden. Russland sprach sich jedoch für die Wahrung der Territorialeinheit der Ukraine aus – unter der Bedingung, dass bestehende Probleme zwischen Kiew einerseits und Donezk/Lugansk andererseits direkt geregelt werden (es war von Anfang an die Rede von einem Sonderstatut für diese Region). Ein Holocaust beziehungsweise ein Massengemetzel der ethnisch russischen Bevölkerung, dazu noch dicht an der russischen Grenze, wäre für Russland als ein Verbrechen gegen die Menschheit unannehmbar. Die von Kiew im April 2014 begonnene »Antiterroristische Operation« (»ATO«), bei der die reguläre ukrainische Armee, verstärkt durch die nationalistischen Freiwilligenbataillone (Freischärler), einen regelrechten Krieg gegen die Rebellenmilizen und die Bevölkerung der abtrünnigen Provinzen führte, war aber offen auf so eine Gräueltat abgezielt.

Die Situation im Donezbecken (Donbass) erinnert sehr an den Spanischen Bürgerkrieg 1936–1939, als die faschistoiden Nationalisten des Generals Francisco Franco die junge spanische Republik im Blut ertränkt hatten. Wie damals strömten die Freiwilligen aus allen Herrgottsländern, auch aus Russland, her, um den Mördern Einhalt zu gebieten. Die Waffen waren da: Bei der Auflösung der UdSSR hortete die Ukraine Berge von Waffen, mit denen sie dann einen regen Handel in der ganzen Welt – absolut gleich mit wem – getrieben hat. Während des Abzugs der Westgruppe der Truppen aus Deutschland sah sich das WGT-Oberkommando – wie ich mich erinnere – gezwungen, die Waffentransporte an der Ukraine vorbeizulenken, da ihre Behörden die Wachsoldaten zwangen, alle Waffen in der Ukraine zu belassen, während die Armeeangehörigen weiter nach Russland reisen mussten, da die Ukraine sich weigerte, Sorge für ihre Unterbringung zu tragen. Die Milizen im Donbass brauchten nur die Waffendepots in ihren Besitz zu bringen, um bestens bewaffnet zu sein – in keiner Weise den regulären Truppen nachstehend.

Die Ruhe und Ordnung bei dem Referendum in der Krim haben kleine Einheiten der russischen Armee im Rahmen des vertraglich festgelegten Kontingents gesichert, der für den Schutz der Küsteneinrichtungen der Schwarzmeerflotte Russlands zu sorgen hatte. Diese Einheiten mischten sich in die Prozedur des Referendums nicht ein; sie hatten nur eine Aufgabe: nämlich das Einsickern bewaffneter Nationalistenbanden aus der Ukraine zur Halbinsel auszuschließen. Daher ihr Spitzname: »Höfliche Männer«. In der Vergangenheit gab es bereits Präzedenzfälle des ukrainischen »Nationalistenunfugs« auf der Krim. Oft fand die Belagerung der russischen Flottenbasen mit dem unverkennbaren Ziel statt, Zusammenstöße mit Schießereien zu provozieren. Auch diesmal registrierte man die Versuche einzelner bewaffneter Gruppen, in die Krim einzudringen. Sie wichen aber dem Kontakt mit den »Höflichen Männern« aus. Daher gab es keine Zwischenfälle bei dem Krim-Referendum.

Im Donbass fehlte die neutralisierende Kraft von »Höflichen Männern«. Deshalb kannte das Wüten der Nationalisten keine Grenzen. Massenterror überdeckte das Land. Der Widerstand der Rebellenmilizen war durchaus gerechtfertigt. Das bewies insbesondere die öffentliche Verbrennung von Oppositionsdemonstranten in Odessa im Mai 2014 (die Stadt gehört historisch auch zum *Noworossija*-Areal). Die Anti-Maidan-Angehörigen suchten Zuflucht im städtischen Gewerkschaftshaus vor Verfolgung durch den entfesselten Mob und wurden bei lebendigem Leibe samt dem Gebäude verbrannt. Man bewarf sie mit Molotow-Cocktails und schlug diejenigen tot, denen es gelang, sich aus den Flammen zu retten. Das Ermittlungsverfahren dauert bis heute, niemand ist angeklagt. Die meist zitierte Version der Untersuchung lautet: »Die Toten haben sich selbst verbrannt.« Wahrscheinlich wird auch in diesem Fall – wie nach dem Maidan – eine Amnestie für alle nationalistischen Verbrecher proklamiert.

Der von den USA angeführte Westen begnügte sich

nicht mit der Anerkennung und Unterstützung des Kiewer Putsches. Es wurden sofort die sogenannten Sanktionen gegen Russland eingeleitet, das eine abweichende Position einnahm. Die schwerwiegendsten Sanktionen aber wurden erst nach dem 17. Juli 2014 verhängt – nach dem Abschuss der malaysischen Boeing 777 über dem Gebietsstreifen, wo erbitterte Kämpfe zwischen der regulären ukrainischen Armee, die über entsprechende Raketen und dazu geschultes Personal verfügt, und den Milizen, die *per definitionem* solche Waffen nicht haben konnten. Jedoch bereits am Tag der Katastrophe haben die ukrainischen Postmaidanbehörden und danach der gesamte Westen steinhart behauptet, dass die Schuldigen doch die Milizen waren – und mit ihnen Russland, das die Rakete an die Milizen speziell für die Attacke auf das malaysische Flugzeug geliefert und dann zur Täuschung der öffentlichen Meinung der Welt rasch wieder zurückgenommen haben sollte. Dieser Blödsinn wird seitdem hartnäckig wiederholt und sogar von der eingesetzten internationalen Untersuchungskommission im Großen und Ganzen bekräftigt. Freilich besteht die Kommission nur aus den westlichen Vertretern.

Nach den anfänglichen Misserfolgen wurden die Milizen zu einer organisierten bewaffneten Kraft und begannen, mit voller Wucht zurückzuschlagen. Die Beschützer der Heimat – und die Milizen verteidigen ihre Häuser und Familien – sind letztlich immer im Vorteil gegenüber den Angreifern, die aus entlegenen Provinzen der Ukraine kamen. Es zeichnete sich bald eine Niederlage der regulären Streitkräfte ab; das Übergreifen der Kämpfe auf das ganze Gebiet von *Noworossija* drohte.

In diesem Moment kapierte auch der stumpfsinnigste Kopf im westeuropäischen Lager, dass das Schicksal der Kiewer Putschregierung am Seidenfaden hängt und der Westen ein reales Risiko läuft, die ganze Ukraine zu verlieren. Die Hasardspielchen der USA flößten den Westeuropäern nicht wenig Unbehagen ein. So entstand im Juli 2014, während der Feierlichkeiten anlässlich des 70. Jahrestags der Landung der Alliierten in der Normandie, das sogenannte »Normandieformat«: Russland, Frankreich, Deutschland (das heißt die Troika) fungierten als Vermittler, die der Ukraine und dem Donbass halfen, ein Stillhalteabkommen zu erreichen und zu wahren. Die entsprechende Vereinbarung wurde in Minsk am 5. September 2014 von Vertretern der vier Länder, einschließlich der Ukraine, unterzeichnet und am 12. Februar 2015 ergänzt und konkretisiert (»Minsk-2«). Der ukrainische Zusammenbruch war abgewendet, aber dieses Resultat blieb die einsame Spitze. Gerade wegen der Beseitigung der Gefahr der Kriegskatastrophe wird alles Übrige durch die Kiewer Regierung sabotiert.

Entgegen jeder Logik fährt der Westen fort, von Russland die Erfüllung der Minsker Vereinbarungen zu fordern, obwohl Russland kein Teilnehmer des Konflikts ist. Am Konflikt nehmen Kiew und die Donbass-Republiken teil; Kiew hat mit ihnen zu verhandeln. Das Maidan-Regime träumt indessen davon, dass jemand – die Europäische Union, die OSZE, die USA oder die UNO – die schmutzige Arbeit der Donbass-Unterwerfung übernimmt und dann die Region an die Ukraine übergibt. Es scheint, dass diese Variante Anhänger im Westen hat, die bereit wären, Millionen Menschenleben zu opfern, um ihre geostrategischen russophoben Phantastereien zu verwirklichen. Sie sollen nur nicht vergessen, dass die Schritte in dieser Richtung kaum unbeantwortet bleiben können. Die große Frage ist: Lohnt es sich, den Menschen etwas aufzuzwingen, was sie partout nicht wollen, und sich dafür Unannehmlichkeiten in Hülle und Fülle einzuhandeln?

Während der jüngsten Wahlkampagne zum Bundestag hat Kanzlerin Angela Merkel die Parallele zwischen der Krim und der DDR gezogen in dem Sinne, dass die Ukraine auf die Halbinsel nicht verzichten darf, damit der Wiedervereinigungswillen ihrer Einwohner mit der Ukraine nicht geschwächt wird. Sie sprach dabei über den Mut derjenigen, die für die Eingliederung der DDR in die BRD eintraten. Der Vergleich hinkt in zweierlei Hinsicht. Erstens: Es blieb unbewiesen, dass die Mehrheit der Ostdeutschen so kategorisch ihren Staat aufgeben wollten. Ein Referendum zu diesem Thema wurde nicht durchgeführt, obwohl die entsprechende Forderung aus den Reihen der DDR-Oppositionellen vorlag. In der Krim fand das Referendum im Gegenteil statt, und sein Resultat lässt keine Zweifel an der Entscheidung ihrer Bevölkerung. Zweitens: Wennschon, dennschon – die Wiedervereinigung war wirklich im Spiel, nur war das die Wiedervereinigung der Krim mit Russland. Im Laufe von Jahrhunderten war die Krim russisch, ihre Bevölkerung blieb russisch, und keine Launen der Parteibonzen oder der Günstlinge der Stunde können diese Tatsache ändern. Auch keinerlei Ansichten der ausländischen Politiker, die sich in der Geschichte nicht auskennen und denen die Gefühle und Sehnsüchte der betroffenen Menschen fremd sind.

Die NATO ist aus russischer Sicht ein Agent Provocateur

Die Krisenbögen des 21. Jahrhunderts erstrecken sich von der syrischen Wüste über die ukrainischen Steppen bis zur Ostseeküste. Die Aggressivität des internationalen Terrorismus erfordert die Vereinigung der Kräfte und Potentiale der Staaten, die eine direkte Verantwortung für den Weltfrieden tragen. Die Bedingung dafür ist die Überwindung der Interessenkonflikte zwischen ihnen auf einer Basis, die für alle annehmbar ist. Seit dem Ende des Zweiten Weltkriegs tragen die Verantwortung für Ruhe und Ordnung auf dem Planeten entsprechend der Charta der Organisation der Vereinten Nationen vor allem die ständigen Mitglieder des UN-Sicherheitsrats, aber nicht nur sie. Deutschland kommt nicht umhin, diese Verantwortung mitzutragen, unabhängig von seiner Stellung im Mechanismus der Weltorganisation. Im konkreten Fall des Versuchs, die Lösung der ukrainischen Krise zu finden, hängt viel vom Realitätssinn der politischen Führung Deutschlands ab. Das bezieht sich sowohl auf die Haltung der NATO als *Agent Provocateur* wie auch auf den Stand der Realisierung der Vereinbarungen von Minsk, die nicht dazu verwendet werden dürfen, eine der Konfliktparteien plattzutreten.

Leider scheint die außenpolitische Führung Deutschlands in erster Linie mit der Aufrechterhaltung seines Treueverhältnisses zu den USA beschäftigt zu sein. Niemand erwartet von Berlin eine Umkehrung seiner Bündnisse, aber nur Treue zu Washington zu wahren, wäre zu wenig für so einen internationalen Schwergewichtler, wie Deutschland einer ist. Schon der Selbsterhaltungstrieb müsste die Deutschen bewegen, sich auf der europäischen - wie auch auf der Weltbühne zu aktivieren. Die wichtigsten Wahlschlachten sind seit dem September 2017 geschlagen, und es ist an der Zeit, daran zu denken, wie die gegenwärtige Konfrontation, an deren Zustandekommen Deutschland so eifrig mitgemischt hat, abgemildert und letzten Endes aus der Welt verabschiedet werden könnte. Für den Anfang wäre ein gutes Zureden auf Kiew im Sinne der ersten realen Schritte in Richtung Verwirklichung des Abkommens von Minsk geeignet, die angespannte Atmosphäre um die Ukraine nach und nach zu entladen.

Man kann die Befürchtung nicht einfach als unbegründet abtun, dass die nationalistischen Extremisten, die in der Ukraine immer dreister auftreten, im Ernst vorhaben, den Krieg im Südosten des Landes wieder aufflammen zu lassen. Sie wären dann der Unterstützung seitens ihrer Gesinnungsgenossen zum Beispiel in Polen sicher, die in ihrer Russophobie alle Grenzen der Vernunft hinter sich lassen. Die Konsequenzen wären unabsehbar, denn Russland könnte nicht unbeteiligt ansehen, wie ein Blutbad an ethnischen Russen unmittelbar an der russischen Grenze stattfindet.

In der letzten Zeit wurde die internationale Situation durch den amerikanisch-russischen Diplomatenskandal und das herausfordernde Verhalten Nordkoreas zusätzlich erschwert. Das erfordert von allen Beteiligten ein Höchstmaß von Behutsamkeit und Umsicht. Heute wird der Grundstein für die Zukunft unserer Kinder und Enkelkinder gelegt.

5. KAPITEL

Russen besser verstehen

Entsprechend den Erkenntnissen der Massenpsychologen kann man mit gezielt ausgewählten, konzentrierten sowie gefälschten Informationen (neuerdings elegant *Fake News* genannt) die Leute so manipulieren, dass sie das überhaupt nicht merken. Dafür müssen nur alternative Informationsquellen ausgeschaltet werden. Die Leute dürfen beileibe nicht auf den Gedanken kommen, dass sie an der Nase herumgeführt werden. Die Deutschen sind mit diesem Phänomen vielleicht am besten aus ihrer eigenen Geschichte vertraut. Das untertänige Verhalten der Bevölkerung Deutschlands vor und während des Zweiten Weltkriegs ist durch ihre erfolgreiche Indoktrinierung mittels der Nazi-Propaganda zu erklären – Joseph Goebbels verfügte über das Informationsmonopol. Als sich die Niederlage Mitte 1944 abzeichnete, fand sich nur eine Handvoll Verwegener und Verantwortungsvoller, die tatsächlich versuchten, das Steuerruder der Geschichte umzulegen. Dieser Versuch musste die Form eines Attentats annehmen, weil es aussichtslos war, auf eine Massenaktion zu setzen. Deshalb ist für eine demokratische Ordnung lebenswichtig, dass alternative Informationen zugänglich bleiben und nicht durch eine totale Zensur beziehungsweise Selbstzensur (heute allegorisch als *Mainstream*-Medien beziehungsweise *User-generated content* bezeichnet) mundtot gemacht werden.

Die Rolle russischer Auslandsmedien

Deshalb ist die Wut verständlich, mit der die westlichen *Mainstream*-Medien den russischen internationalen mehrsprachigen TV-Informationsdienst *Russia Today* (RT) angreifen, der samt dem Rundfunkkanal *Sputnik* zur Russischen Agentur für internationale Information *RIA Nowosti* gehört. Der überall gefragte RT-Dienst bricht die Informationsblockade Russlands durch, deren Ziel es ist, das einseitige westliche Weltbild als das einzig mögliche erscheinen zu lassen. Der RT war im Dezember 2005 eigens dazu ins Leben gerufen, die russische Einschätzung der laufenden Ereignisse für die Weltöffentlichkeit zugänglich zu machen. Der Dienst verfügt über englisch-, arabisch- und spanischsprechende Studios in Moskau; außerdem gibt es ein Amerika-Studio in Washington und ein United-Kingdom-Studio in London, wo vornehmlich ausländische Journalisten beschäftigt sind. Organisatorisch sind alle RT-Niederlassungen nach dem CNN- und BBC-Modell aufgebaut, nur verbreiten sie eine alternative Sicht der Dinge und beleuchten vor allem die für die westlichen Medien unbequemen Themen. Die RT-Chefredakteurin Margarita Simonian, eine sehr sympathische junge Dame (Jahrgang 1980), talentierte Journalistin und unerschrockene Kämpferin für die Pressefreiheit, verfolgt sehr aufmerksam, dass nur überprüfte und hundertprozentig sichere Materialien ins RT-Programm aufgenommen werden. Bis heute ist kein Fall bekannt geworden, wo mit der Wahrheitstreue der RT-Informationen etwas nicht in Ordnung wäre.

Selbstverständlich soll eine geäußerte, geschriebene oder mit einer Bilderreihe illustrierte Meinung imstande sein, einen mehr oder weniger spürbaren Einfluss auf die Stimmung der Hörer beziehungsweise Zuschauer auszuüben – das ist letztlich das Ziel jeglicher Berichterstattung. Dieser Einfluss wird umso höher sein, je professioneller und emotioneller diese Berichterstattung ist. Sämtliche Medien der Welt folgen den genannten Berufsrichtlinien. Sollten die russischen Medien darauf verzichten, nur damit niemand sie einer »Einmischung« bezichtigen kann? Es ist zu behalten, dass der RT in dem Moment entstand, als die westlichen Medien eine weltumspannende propagandistisch haltlose Attacke gegen Wladimir Putin wegen der JUKOS-Affäre vom Stapel ließen. Auge um Auge – das steht in der Bibel. Es muss aber gesagt werden, dass die RT-Journalisten das Objektivitätsgebot nach Kräften einhalten.

Wie so oft gibt es auch hier Ausnahmen. Die einzig zulässige wäre die Bekämpfung der internationalen propagandistischen Terroraktivitäten. Die Hetzschriften, Instruktionen und *Fake News* der Terroristen sind vorbehaltlos zu verhindern, denn die Terroristen befinden sich im Kriegszustand mit der gesamten Menschheit. Diese logische Konsequenz aus der realen Situation der Welt ist auch für die streitbarsten Anhänger der Pressefreiheit sonnenklar: Der Krieg, wenn er schon da ist, muss mit voller Härte geführt werden, weil die einzige Alternative der eigene Untergang sein kann. *À la guerre comme à la guerre* – »Im Krieg gelten die Kriegsregeln« – sagen die Franzosen, und die müssen es wissen.

Nebenbei sei bemerkt: Der Kriegsbegriff spiegelt im Prinzip die Situation der äußersten Not wider, die nicht alle Tage vorkommt. Deshalb ist er unbedingt mit einer notwendigen Vorsicht zu gebrauchen. Der heute im Westen ohrenbetäubend massiv praktizierte Lärm um Informations- beziehungsweise Hybridkriege ist in dem Sinne verdächtig, dass sein eigentliches Ziel nur darin bestehen kann, das Verhältnis zum neuen Russland wie einen wirklichen Krieg aussehen zu lassen oder wenigstens das Publikum zur Überzeugung heranzubringen, morgen würde es bereits so weit sein. Das soll die Verbissenheit rechtfertigen, mit der man zu jedem nur denkbaren Mittel greift, um dem Russen eins auszuwischen. Die westlichen Propagandakrieger sind voller Stolz, wenn es ihnen gelingt, Russland einen möglichst großen Schaden – politisch, wirtschaftlich, moralisch – zuzufügen. Das soll nicht heißen, dass Russland und seine Politik über aller Kritik stünden. Eine sachgerechte Diskussion ist immer willkommen, denn die Wahrheit wird im Streit geboren. Wenn man aber vornehmlich mit Lügen und Erfindungen operiert, wenn man die Argumentation der anderen Seite einfach verschweigt, ist das etwas anderes. Die hemmungslose Russophobie ist nicht nur ein Resultat der westlichen Politik, sondern auch ihre Voraussetzung. Wie man im alten Rom aus jedem Anlass zu sagen pflegte: *Ceterum censeo Carthaginem esse delendam* – »Im Übrigen bin ich der Meinung, dass Karthago dem Erdboden gleichgemacht werden muss.«

Muss man denn immer den USA folgen?

Russland sei an allem schuldig, was in der Welt an Bösem und Unheilvollem geschieht – so sieht der Schlachtruf der westlichen Weltverbesserer aus, die lieber mit den Terroristen paktieren als mit den Russen (wie es zum Beispiel in Syrien oft vorkommt). Dabei werden sowohl die geheimen verbrecherischen Pläne Russlands spektakulär aufgedeckt, als auch seine Möglichkeiten maßlos übertrieben, weltweit zerstörerisch zu agieren. Die Bekämpfung Russlands hat in der Regel wenig mit der realen internationalen Politik zu tun. Der russophobe Paroxysmus in den heutigen USA ist durch eine tiefe innenpolitische Spaltung der amerikanischen Gesellschaft verursacht. Die Amerikaner sind in den internen Bataillen versunken, bei denen Russland die Rolle des allgegenwärtigen Dämons zugewiesen ist. Die Hysterie diente jedoch noch nie der vernünftigen Lösung der sich anhäufenden Probleme. Statt einer wünschenswerten Verbesserung der Weltlage tritt ihre gefährliche Verschlimmerung ein. Parallel demontieren sich die Amerikaner öffentlich selbst. Aus all den Gründen wäre aus der transatlantischen Ecke kaum etwas Konstruktives für das Miteinander der Völker zu erwarten – wenigstens in der nächsten Perspektive. Die Zeit aber drängt.

Bisher folgte Europa, wenn auch zum Teil widerwillig, den amerikanischen Anweisungen. Jedoch könnten Impulse zu einer Bewegung in Richtung der politischen Vernunft hin nur von Europa erhofft werden, möge das heute wie eine pure *Fantasy* klingen. Denn die Hoffnung ist schwach, Russland höre auf, ein europäisches Land zu sein, und würde seinen Standort auf den Mond verlegen. Nun werden in Europa die ersten zaghaften Anzeichen für die Bereitschaft sichtbar, antirussische propagandistische Übertreibungen in die Schranken zu weisen und endlich zu klären, was in Wirklichkeit das neue Russland für die Menschheit bedeutet. Es wäre lebenswichtig für alle, dass die Europäer endlich genau wissen, was die Russen von der Außenwelt wollen und was die Außenwelt von ihnen zu erwarten hat. Die Bedingung dabei muss sein, dass dieser Versuch, Russland zu verstehen, ehrlich, unvoreingenommen und umfassend ist. Sehr viel hängt davon ab, wie die Deutschen als eine natürliche Kraftmaschine des integrierten Europa auf dieses Gebot der Stunde reagieren. Umso mehr, da die Natur und die Geschichte Deutsche und Russen der ewigen Nachbarschaft geweiht haben.

Russland will keine neue Sowjetunion sein

Nicht alle Deutschen geben sich die Mühe, den Unterschied zwischen der ehemaligen Sowjetunion und dem neuen postsowjetischen Russland zu erkennen. Die in Deutschland vorherrschende Meinung ist: Es gebe im wesentlichen keinen Unterschied – außer vielleicht, dass Russland kleiner und schwächer als die UdSSR ist. Natürlich stimmt das Letztere, aber die Negierung der Unterschiede stellt ein schreiendes Missverständnis dar. Der wesentlichste Ausgangspunkt hin zu einem Verstehensprozess wäre es, zu begreifen, dass das neue Russland keine Reinkarnation der Sowjetunion und trotz der vorhandenen Nostalgiegefühle unter seiner Bevölkerung weit davon entfernt ist, davon zu träumen, sie wiederherzustellen. Die Situation ähnelt sehr der »Ostalgie« in den neuen Ländern Deutschlands. Denn das Urteil der Geschichte steht fest, ganz gleich, ob man es gut findet oder nicht, und ein Zurück gibt es nicht. Die Zeit von Enthusiasten und Weltverbesserern auf russischem Boden scheint für immer vorbei zu sein (es ist immer gefährlich, absolute Begriffe wie »immer« oder »überall« zu gebrauchen, aber in diesem Fall bin ich dessen fast hundertprozentig sicher). Die Entscheidung von 1991 gab jedem der größeren Völker der Sowjetunion die Chance, auf seinem Gebiet nach seinem Verstand sein eigenes Glück aufzubauen. In jedem Einzelfall waren die Ergebnisse unterschiedlich. Die Bilanz der Russischen Föderation fällt nicht als die schlechteste auf.

Die Sowjetunion war territorial dem historischen Russischen Reich gleich, aber die Russische Sozialistische Föderative Sowjetrepublik (RSFSR) war nur eine von 15 Republiken der UdSSR. 1991 sind sämtliche Unionsrepubliken souveräne Staaten geworden mit unabhängiger Innen- und Außenpolitik. Die Auflösung der UdSSR brachte einen absoluten wirtschaftlichen Niedergang für alle postsowjetischen Staaten mit sich. Für die baltischen Republiken wurde die Schadensbegrenzung durch die gezielten finanziellen Spritzen aus der Europäischen Union gesichert (das Problem ist, dass die Spritzen irgendwann enden werden). Moldowa und Grusien versuchen, sich mit einem russlandfeindlichen

Kurs – und folglich mit der westlichen Hilfe – an der Oberfläche zu halten. Die mittelasiatischen Republiken bleiben auf eine mehr oder weniger enge Zusammenarbeit mit Russland angewiesen. Aserbaidschan und Armenien sind hoffnungslos im Berg-Karabach-Konflikt verstrickt. Hier sei angemerkt: Jede Republik besteht darauf, das Gebiet von Berg-Karabach gehöre ihr; in der Sowjetzeit war dieses Gebiet mit einer teilweise armenischen Bevölkerung ein Bestandteil Aserbaidschans; danach kam es im Ergebnis eines kurzen, aber verlustreichen bewaffneten Konflikts zu Armenien. Für diesen Konflikt wie im Großen und Ganzen für den gesamten postsowjetischen Raum bleibt Russland Garant, dass er nicht im kriegerischen Blutvergießen versinkt.

Für Russland war die wirtschaftliche Schwächung vorübergehend; sie wurde etwa zehn Jahre später durch eine grundsätzliche Stärkung abgelöst – aus eigener Kraft. Diese Stärkung trägt jedoch keinen absoluten Charakter – in einigen wesentlichen Bereichen (sogar bei der Erdölförderung!) bleibt die Wirtschaft der heutigen Russischen Föderation hinter den Kennziffern der sowjetischen Zeit. Die wirtschaftliche Gesundung Russlands schließt interne verschiedenartige Wirtschaftsprobleme nicht aus, erlaubt aber bescheidene Hilfen für seine postsowjetischen Weggefährten. Nur reichen diese Hilfen nicht aus, ganze Staaten zu unterhalten, wie das in der Sowjetunion der Fall war. Die russische Wirtschaft mit zu groß angelegten zusätzlichen Hilfeleistungen zu belasten, wäre zu riskant.

Statt der streng vereinheitlichten Sowjetunion exis-

tiert heute eine nicht übermäßig strukturierte Staaten-
gemeinschaft ihrer ehemaligen Republiken (Gemeinschaft Unabhängiger Staaten, GUS; gegründet 1991;
zurzeit zehn Mitglieder), die bestimmte innere Han-
dels- und Steuerpräferenzen für ihre Teilnehmer ein-
räumt. In den Augen der Russen ist die Existenz der
GUS logisch, da die Nachfolgestaaten der UdSSR durch
vielfältige wirtschaftliche Zusammenhänge und ge-
mischte Bevölkerung, vor allem durch Vorhandensein
der zahlreichen russischen Diaspora, verbunden sind.
Innerhalb der losen GUS gibt es verschiedene engere
Vereinigungen – zum Beispiel den Unionsstaat Russ-
land-Belarus' (seit 1997), die Organisation des Vertrags
über kollektive Sicherheit (OVKS; seit 1992; sechs Mitglieder), die Eurasische Wirtschaftsunion (EAEU; seit
2001; fünf Mitglieder). Die Mitgliedschaft in diesen Or-
ganisationen ist freiwillig, Mitgliederstand und -zahl
deshalb variabel. Die EAEU wird als eine zukunftsträch-
tige Organisation verstanden, die im eurasischen Raum
ungefähr die Rolle übernehmen sollte, die im Westen
ursprünglich den Gründungsmitgliedern der Europäischen Gemeinschaft (EG) zugedacht war.

Für die UdSSR galt die kommunistische Konzeption
der Klassensolidarität der Russischen Föderation mit
anderen sowjetischen Republiken in dem Sinne, dass
sie als der einzige zahlungskräftige Geber die Entwick-
lungskosten der Randgebiete des Gesamtstaates übernehmen musste. Das führte zur verständlichen Unzufriedenheit der Bevölkerung der RSFSR, deren Lebens-
niveau oft niedriger war als in den anderen Sowjetrepu-
bliken (wie zum Beispiel im Baltikum). Dieser Sachver-

halt war einer der schwerwiegendsten Gründe, warum die Linie der russischen Führung unter Boris Jelzin, gerichtet auf die Auflösung der UdSSR, 1991 auf keinen nennenswerten Widerstand in der RSFSR gestoßen ist. Auffallend war dabei die Tatsache, dass eine ähnliche Unzufriedenheit aus den nicht ganz erfassbaren Gründen auch in anderen Unionsteilen zu beobachten war. Als aufschlussreich ist zu bewerten, dass die russische Diaspora in den Baltenrepubliken bei den Referenden einheitlich für ihre Unabhängigkeit gestimmt hatte. Nun gehört der Kommunismus mit seinen Kollektivkonzeptionen der Vergangenheit an. Die Russische Föderation bleibt der Geber im postsowjetischen Raum, jedoch müssen die Nehmer die zu erhaltende Hilfe jetzt wenigstens teilweise kompensieren. Natürlich ist keiner vollständig mit dieser Realität zufrieden, aber eine Rückkehr zu den alten Gewohnheiten steht nicht zur Debatte. Die gegenwärtige Lage ist von allen akzeptiert – allein das schließt schon die Wiederherstellung der Sowjetunion aus.

In der sowjetischen Zeit herrschte die These, dass der Aufbau des Sozialismus in den weniger entwickelten Teilen der Sowjetunion auf ihrer Industrialisierung basieren müsse. Neue Fabriken, Kraftwerke, Betriebe wurden dort aus dem Boden gestampft, für die qualifizierte Arbeitskräfte nötig waren, aber fehlten. Deshalb wurden Arbeiter und Angestellte aus Russland angeworben, die ihre Familien mitbrachten und sich vor Ort niederließen. Das war keine bewusste Russifizierungspolitik, wurde aber vielerorts dafür gehalten. Nach der Auflösung der Sowjetunion verkümmerten in der Regel die künstlich importierten Industriebetriebe, ihre Beschäftigten kehrten oft nach Russland zurück. Die wirtschaftlichen Verbindungen zu Russland verwelkten; vielerorts – wie im Baltikum oder in der Ukraine – wurden sie mit Absicht abgeschnitten oder durch die Konkurrenz innerhalb der EU zugrunde gerichtet. Russland zeigte sich der neuen Situation gewachsen, stellte auf seinem Territorium neue Produktionen und Zuliefererbetriebe auf die Beine, sicherte der eigenen Wirtschaft einen vielschichtigeren und unabhängigeren Charakter im postsowjetischen Kontext. Den anderen gelang das oft nicht.

Das heutige Russland ist frei von der selbstübernommenen Verpflichtung der Sowjetunion, die vom kommunistischen Standpunkt gesehen progressiven Kräfte im internationalen Maßstab zu unterstützen. Wenn die USA mit dem ihnen zugetanen gesamten Westen auch weiter das Ziel verfolgen, die Demokratie, so wie sie von ihnen verstanden wird, rund um den Erdball zu verbreiten, kümmert sich Russland in erster Linie um den Schutz seiner Interessen, vor allem um seine Sicherheit im militärischen Sinne. Das begrenzt von vornherein das Feld der möglichen Spannungen mit der Außenwelt auf eine überschaubare Zone entlang der Grenzen Russlands. Russische Basen beziehungsweise Stützpunkte in Lateinamerika wären zum Beispiel heute normalerweise überflüssig vom Standpunkt der Garantien der Sicherheit des Landes. Eine solche Einstellung erlaubt, die Kräfte und Mittel auf das zu konzentrieren, was für die Sicherheit absolut unerlässlich ist. So wird die Zersplitterung der begrenzten Mittel und folglich die Minderung ihres Nutzeffekts vermieden. Gleichzeitig ermöglicht das die Suche nach den einvernehmlichen Lösungen für jene Probleme, die die Welt als Ganzes betreffen.

Neuer Kapitalismus und alte Militärmacht

Die Abschaffung der zentralen Planwirtschaft und die weitgehende Privatisierung der wichtigsten Wirtschaftszweige, zusammen mit der Übernahme von Regeln der internationalen Finanzordnung und des Handels, half, die rettende Biegsamkeit der russischen Wirtschaft zu vergrößern. Trotz des verstärkten Abflusses von hochqualifizierten Arbeitskräften in Richtung Westen beziehungsweise China ist es Russland dank des vorhandenen hervorragenden Bildungssystems – zum Beispiel sind die Fremdsprachenkenntnisse der russischen Schüler einmalig, Diplome der staatlichen Universitäten Russlands werden in der ganzen Welt hoch geschätzt – gelungen, den vollwertigen Nachwuchs für die Bedürfnisse der heimischen Wissenschaft und Wirtschaft großzuziehen. Weniger qualifizierte Arbeitskraft kommt aus dem umliegenden postsowjetischen Raum. Es gelang, die Kapitalflucht im vernünftigen Rahmen zu halten, so dass sie nicht die Ausmaße erreichte, die existentiell gefährlich werden könnten. Der Kapitalzufluss aus dem Ausland versiegte generell gesehen nie. Die Energiewirtschaft blieb allen zeitweiligen Schwierigkeiten zum Trotz eine solide Grundlage für das wirtschaftliche Wachstum. Auch die

Anstrengungen, die Wirtschaft zu diversifizieren, tragen allmählich Früchte.

Der Übergang von einer Innenpolitik gegründet auf Gemeinschaft der Klasseninteressen hin zu einer Politik des geordneten Zusammenlebens von Nationalitäten und Religionen verlief in Russland im Großen und Ganzen erfolgreich. Die ernsten Komplikationen sind lediglich in der Nordkaukasischen Region entstanden, wo die religiöse Unduldsamkeit sehr früh die Einmischung des internationalen Terrorismus begünstigte. Das nationale Charakteristikum der Bevölkerung der Russischen Föderation im Vergleich zur UdSSR hat sich vereinfacht und vereinheitlicht. War der Anteil der Russen an der Bevölkerung der Sowjetunion nur etwas mehr als 50 Prozent, beträgt er heute über 80 Prozent (wobei diese Angaben nicht etwa administrativ verordnet, sondern von den Befragten selbst geliefert worden sind).

Diese Verschiebung ist kein Resultat einer Russifizierung, die nur die Verschärfung der nationalen Widersprüche in der Gesellschaft nach sich gezogen hätte. Die Russen bilden nach wie vor die Grundlage eines Gesamtstaates, in dessen Rahmen alle Nationalitäten gleichberechtigt nebeneinander und miteinander leben können, was auch religiöse Prozesse einschließt. Die Tradition der gegenseitig vorteilhaften Koexistenz der Nationalitäten und Religionen, die die Russische Föderation noch vom alten Russland erbte, wird fortgesetzt. Das Werden Russlands ging seit Anbeginn der Zeiten in einem ethnisch und religiös sehr verschiedenartig gestalteten Raum vor sich. Die Russen zogen den

Säuberungen in den frisch erworbenen Gebieten eine friedliche Kohabitation mit ihren neuen Kompatrioten vor. Im Endeffekt entwickelten sie die historisch einmalige Begabung, verschiedene Bevölkerungsteile unter einem Staatsmantel zu vereinen. Es ist bezeichnend, dass auch die Sowjetunion viel von der erfolgreichen vorrevolutionären Nationalpolitik übernommen hat. Das zusätzliche Gleichgewicht wurde durch die staatliche Unterstützung der drei führenden Religionen des Landes gesichert – Christentum, Islam, Judaismus.

Russland ist eine globale Militärmacht – wie die USA auch

Nach der Auflösung der Sowjetunion hat Russland seine Streitkräfte und insgesamt die ganze Verteidigungswirtschaftsbranche absolut vernachlässigt. Zum einen brauchte die neue Oberklasse in erster Linie Quellen für ihre rasche Bereicherung, und die Finanzierung der Betriebe der Schwerindustrie widersprach den Bedürfnissen derer, die jetzt das Sagen hatten. Zum anderen waren die Leute um Jelzin wirklich oder scheinbar davon überzeugt, dass Russland in der postkonfrontativen Welt nur aufrichtige Freunde haben könne. Der erste Außenminister der Jelzin-Ära, Andrej Kosyrew, wies offiziell seine Untergebenen an, in allen Dienstpapieren, die für ihn bestimmt waren, schon im ersten Absatz die US-Position zum betreffenden Problem genau darzulegen, damit kein Risiko bestehe, dass die russische Linie irgendwie von der amerikanischen abweiche. Erst 1999, beim Beginn der NATO-Bombardierungen Jugoslawiens, fühlte sich die Staatsführung ein wenig dadurch beunruhigt, dass das Land praktisch keine Armee mehr hatte, die NATO-Basen sich aber immer näher auf die russischen Grenzen zubewegten. Die Nachfolger von Jelzin waren gezwungen, logische Schlussfolgerungen aus der entstandenen unerfreulichen Situation zu ziehen.

Heute wird im Westen die Tatsache als sensationell empfunden, dass es Russland gelungen ist, seine militärische Kapazität zu einem großen Teil wiederherzustellen und sich erneut in die Lage zu versetzen, jedem einen unannehmbaren Schaden zufügen zu können, der es wagen sollte, anzugreifen. Es handelte sich in erster Linie um Nuklearwaffen, die für die heutige Weltpolitik als Waffen des Jüngsten Gerichts gelten, aber nicht nur – auch die konventionellen Waffen sind auf einen beachtlichen Stand gebracht.

Indessen ging es nie im militärischen Bereich um die Herstellung einer Waffenparität mit den USA. Aus sehr vielen Gründen ist und bleibt Amerika die militärische Supermacht unserer Zeit. Jedoch muss man nicht unbedingt den gleichen Grad der Überrüstung vorweisen können, um der Gefahr zu begegnen, angegriffen zu werden. Seit die Nuklearwaffen Realität geworden sind, reicht es zur Selbstverteidigung, die Möglichkeit zu haben, dem unvergleichlich stärkeren Angreifer Verluste zuzufügen, die vom normalen Menschenverstand als unzumutbar gewaltig empfunden werden. Zahlreiche Krisen der Nachkriegszeit wurden glimpflich ausgestanden, weil das Risiko der tödlichen Eskalation vom letzten Schritt abschreckte. Diese Situation bezeichnete man oft nicht ganz genau als das Gleichgewicht der Kräfte, wo es eigentlich um das Gleichgewicht des Schreckens ging. Nebenbei bemerkt, es genügt manchmal – wie zum Beispiel im Falle der gegenwärtigen Zuspitzung der verbalen Krise zwischen den USA und Nordkorea – auch die Ungewissheit über das genaue Reaktionsvermögen des Gegenübers, um einen realen Krieg abzuwenden.

Dabei sind die hartnäckigen US-Versuche, das übergreifende Anti-Missile-System aufzubauen, deshalb für die Stabilität der Welt schädlich, da sie unterschwellig das Ziel verfolgen, den Effekt der nuklearen Abschreckung außer Kraft zu setzen, der bis heute den Dritten Weltkrieg unwahrscheinlich machte. Es spricht manches dafür, dass sich dieses System, wie seinerzeit Ronald Reagans Pläne für den »Krieg der Sterne«, als Luftblase entpuppen könnte. Aber auch in diesem Fall wäre der Schaden für den Weltfrieden immens. Denn sogar die Illusion, vor der Antwort auf den Erstschlag geschützt zu sein, wäre imstande, unbesonnene Entscheidungen zu provozieren. Mit einer perfektionierten Raketenabwehr könnte jemand meinen, die Maxime »Wer als Erster schießt, stirbt als Zweiter« hätte ihre Gültigkeit verloren. Dann stünde das Tor zur totalen Nuklearkatastrophe der Menschheit weit offen. Nachdem die USA 2002 das Abkommen über die gegenseitige Begrenzung der Raketenabwehrsysteme gekündigt haben, fehlt die Grundlage des Vertrauens im Gebäude des Weltfriedens. Welchen Sinn hätte in der Tat die harte jahrelange Arbeit von Diplomaten, Militär und

Juristen über die klaren, ausgewogenen und tragfähigen Ausformulierungen der internationalen Verträge, wenn man von vornherein genau weiß, dass der nächste US-Präsident eines Tages das Ergebnis dieser Arbeit einfach in den Mülleimer schmeißen würde? Diese Grundlage wiederherzustellen, wird ungeheure Mühe und Zeit kosten, und man weiß nicht, ob das überhaupt noch gelingt.

Die russische Reaktion auf die verwirrenden Entwicklungen auf dem Gebiet der Eingrenzung der Nuklearkriegsgefahr war, wie man sich so ausdrucksvoll äußert, asymmetrisch. Russland hat darauf verzichtet, seine Armee zu vergrößern. Auch die Perspektive, neue vertragliche Regelungen im Verhältnis mit Amerika erreichen zu können, wurde nicht in Frage gestellt. Nur die Erfüllung von einigen wenigen Absprachen aus der Zeit der Perestroika, die durch einseitige US-Schritte obsolet geworden sind, ist zeitweilig ausgesetzt. Gleichzeitig wurde aber die nihilistische Praxis der neunziger Jahre in Bezug auf eigene Streitkräfte aufgegeben. Von nun an sah der russische Staat seine Armee als etwas an, was er auch in Friedenszeiten brauche, und nicht als etwas, was grundsätzlich überflüssig wäre. (Ich erinnere mich mit Schaudern an den Spruch von Kosyrew: »Russland hat keine Feinde, deshalb kann es leicht eigentlich ohne Armeefinanzierung auskommen.«) Damals stand das Land auf der Kippe und seine Streitkräfte mit ihrer Ordnungsfunktion, stolzen Traditionen und patriotischer Ausstrahlung waren sehr nah daran, einfach zu verschwinden.

In der Situation in der Welt, wo die Gefahren für die

Sicherheit des Landes nur anwuchsen, musste ein neuer Start in der Verteidigungspolitik auf die Tagesordnung kommen. Es war logisch, dass man mit der Modernisierung der Luftwaffe und der Raketentechnik begann, denn der Angriff droht vor allem vom Himmel, der kraft der Abrüstungsverträge der Gorbatschow-Ära offen bleiben sollte. In erster Linie kümmerte man sich um die Raketen, die fähig sind, alle denkbaren Anti-Missile-Systeme zu überwinden. Man durfte auch die konventionellen Waffen nicht vergessen, weil der künftige Krieg, wenn er käme, nicht nur ein *Doomsday*-Krieg sein würde. Das alles rechtfertigt jedoch nicht das Geschrei im Westen über eine angebliche Militarisierung Russlands. Moskau holt nur das Versäumte nach – was der Westen längst getan hat. Es wäre sinnlos, die zahlenmäßige Stärke der russischen und der US-Armeen zu vergleichen – von den amerikanischen Militärbasen und Stützpunkten zerstreut über den Globus ganz zu schweigen.

Russland und die NATO

Bei dem heutigen Zustand der internationalen Beziehungen ist Russland mehreren Gefahren ausgesetzt. Ziemlich verwundbar bleibt es im wirtschaftlichen Bereich. Die Hauptsorge der Russen gilt aber der militärischen Sicherheit ihres Landes. In den Jahren des Kalten Krieges hat die UdSSR ein gestaffeltes Verteidigungssystem in Europa aufgebaut, das auf der Organisation des Warschauer Vertrags mit der DDR als ihrem Eckstein und mit der sowjetischen Westgruppe der Truppen als ihrer Speerspitze fußte. Diese Konfiguration sicherte die Situation, in der sowohl die NATO als auch ihre einzelnen Mitglieder ausschließlich auf die Defensive angewiesen waren und somit keine akute Bedrohung der sowjetischen Interessen darstellen konnten. Dass die kommenden Verschiebungen in der europäischen Staatsordnung zu einer Beeinträchtigung der Sicherheitsinteressen der Sowjetunion führen könnten, leuchtete auch den Perestroikisten ein, soweit sie noch bei gesundem Menschenverstand blieben. Insbesondere war das der Grund für Gorbatschows Insistieren, dass der eventuellen DDR-Eingliederung in die Bundesrepublik keine NATO-Ostverschiebung folgen durfte.

Es ist spannend und zugleich lehrreich, Schritt für Schritt zu verfolgen, wie Gorbatschow sich um den Finger wickeln ließ in diesem wichtigsten Aspekt der Festlegung der Bedingungen für die Post-DDR-Zeit. Eine sehr sympathische junge Dame aus Amerika, Mary Elise Sarotte, Professorin von der Princeton University, hat nach einem sorgfältigen Studium der amerikanischen Archive genau festgestellt, wie den USA ihre verwegene Täuschungsoperation gelang. Bei seinem Gespräch mit Gorbatschow in Moskau hat der US-*Secretary of State* James Baker am 9. Februar 1990 zwei wesentliche Momente angesprochen: 1.) Zweckmäßigkeit der NATO-Mitgliedschaft des geeinten Deutschlands; 2.) eine westliche Verpflichtung zur NATO-Nichtausbreitung gen Osten, wenn das erste Problem positiv gelöst werden könnte. Baker verließ Moskau, noch bevor Helmut Kohl am nächsten

Tag in Moskau für die entscheidenden Verhandlungen mit dem sowjetischen Generalsekretär eintraf. Er hinterließ aber für den Bundeskanzler eine vertrauliche schriftliche Bilanznotiz über sein Gespräch mit Gorbatschow.

In seinem Brief erwähnte Baker mit Stolz seine pathetische Frage an den Gesprächspartner: »Zieht ihr vor, ein vereintes Deutschland außerhalb der NATO zu sehen – unabhängig und ohne US-Streitkräfte –, oder zieht ihr ein vereintes Deutschland vor, das durch die NATO gebunden ist in der Gewissheit, dass die NATO-Jurisdiktion keinen Zoll ostwärts von der derzeitigen Position verschoben würde?« Baker behauptete, eine positive Reaktion Gorbatschows auf die zweite Variante erhalten zu haben. Er zitierte seine Antwort: »Jede Ausdehnung der NATO-Zone wäre gewiss inakzeptabel«, was Baker folgendermaßen kommentierte: »Dem Sinn nach bedeutet das: [Die deutsche Mitgliedschaft in der] NATO wäre im Rahmen ihrer derzeitigen Zone akzeptabel.« Frau Sarotte bestätigt, die Verpflichtung, die derzeitige NATO-Position nicht zu ändern, könnte nur interpretiert werden, dass das DDR-Gebiet nicht unter die NATO-Jurisdiktion falle. Auf gut Deutsch: Das Territorium der DDR sollte nicht der NATO unterstellt werden – anders als das Territorium der BRD.

Aufgrund der Reaktion auf die Ergebnisse der Moskauer Gespräche Bakers nimmt die amerikanische Forscherin an, James Baker habe sich mit seinen Zugeständnissen an Gorbatschow zu weit aus dem Fenster gelehnt, und Präsident George Bush senior wäre gezwungen gewesen, den *Fauxpas* seines Außenministers nachträglich zu korrigieren. Mir scheint jedoch, dass es nur um ein abgekartetes Zusammenspiel zwischen dem *State Departement* und dem Weißen Haus ging. Wie dem auch sei, hat Helmut Kohl, noch bevor er von Bonn in Richtung Moskau aufbrach, eine Eilbotschaft aus Washington erhalten. Der Ratschlag des amerikanischen Präsidenten lautete: Statt von der Verpflichtung der NATO-Nichtausdehnung sollte der Bundeskanzler lieber von »einem militärischen Sonderstatus für das sprechen, was heute das DDR-Territorium ist«. Der Sinn der vorgeschlagenen Sonderstatus-Formel war, eine eventuelle westliche Verpflichtung den Sowjets gegenüber dahingehend zu relativieren, dass die NATO-Jurisdiktion doch auf das DDR-Gebiet ausgedehnt werden könnte – vielleicht mit irgendwelchen zeitweiligen Einschränkungen, aber voll in der Allianz integriert. Darüber hinaus gestattete die Formel, das Problem der NATO-Osterweiterung überhaupt nicht zur Sprache kommen zu lassen. (Mary Elise Sarotte: *1989. The Struggle to Create Post-Cold War Europe.* Princeton University Press, Princeton, New Jersey 2009, S. 222 f.)

Es ist von Bedeutung, dass im grundsätzlich wichtigen Gespräch unter vier Augen mit Gorbatschow am 10. Februar 1990 Helmut Kohl der Empfehlung Bakers folgte und nicht der Anweisung Bushs. Im persönlichen Archiv Gorbatschows wird die russische Niederschrift dieser Unterredung aufbewahrt. Die entsprechende Stelle der Erklärungen des Bundeskanzlers wird so wiedergegeben: »Was wir partout nicht wollen, ist die Neutralität. Das wäre eine Dummheit von historischem Maßstab. So ein Fehler wurde bereits nach 1918 begangen. [...] Wir sind der Meinung, dass die NATO ihre Wirkungssphäre nicht erweitern darf. Hier muss eine vernünftige Regelung gefunden werden. Ich erfasse voll die Sicherheitsinteressen der Sowjetunion und gebe mir davon die Rechenschaft, dass Sie, Herr Generalsekretär, und die sowjetische Führung überzeugend der Bevölkerung der UdSSR erläutern müssen, was vor sich geht.« Gorbatschow bemerkte dazu: »Die zentrale Frage des Status eines geeinten Deutschlands ist die militärische Sicherheit [der UdSSR]«, worauf Kohl gemütsruhig antwortete: »Hier kann eine [einvernehmliche] Lösung gefunden werden.« (*Michail Gorbatschow und die deutsche Frage. Dokumentensammlung 1986–1991.* Wes mir, Moskau 2006, S. 344–346 [russisch].)

Die NATO – ein Stachel im Fleisch Europas

Weiter wurde das Problem nicht erörtert – Gorbatschow war überzeugt, dass er von Kohl eine verlässliche Bestätigung der von Baker ausgesprochenen Bereitschaft erhalten hat, auf eine Ostausdehnung der NATO zu verzichten. Er schaltete dementsprechend das von Kohl heißersehnte grüne Licht für die DDR-Vereinnahmung ein. Die freie Hand, die ihm Gorbatschow in Bezug auf die DDR gewährte, hat der Bundeskanzler voll ausgekostet. Der Chef-Perestroikist bemerkte viel zu spät, dass der Sonderzone-Begriff, der sich auf leisen Sohlen in die Erklärungen und Pressemitteilungen der westlichen Kollegen eingeschlichen hatte, etwas ganz anderes bedeutete als die Verpflichtung zur

NATO-Nichtausdehnung. Sein außenpolitischer Berater Anatolij Tschernjajew erwähnt in seinen Memoiren, wie sich Anfang Mai 1990, vor dem Beginn der Zwei-plus-Vier-Verhandlungen, eine hysterische Szene in der Politbüro-Sitzung abspielte, als Gorbatschow schrie: »Wir werden Deutschland nicht in die NATO entlassen und basta! [Wenn nötig] werde ich die Wiener Gespräche [im Rahmen der Konferenz über Sicherheit und Zusammenarbeit in Europa] sowie Verhandlungen über die Begrenzung der strategischen Offensivwaffen platzen lassen!« Er könnte genauso gut in der Wüste jammern, niemand stimmte ihm bei – eigentlich war die Sache schon gelaufen. Am nächsten Tag gab auch Gorbatschow seinen Widerstand auf. Der Weg in die NATO war für das geeinte Deutschland endgültig frei – ohne das vom Westen ursprünglich versprochene Verbot der Allianzerweiterung. (A. S. Tschernjajew: *Sechs Jahre mit Gorbatschow. Tagebuchnotizen.* Progress-Kultura, Moskau 1993, S. 347 [russisch].)

Nach und nach verstummten die öffentlichen Diskussionen um das Problem, ob die NATO-Existenz nach der Beendigung des Kalten Krieges überhaupt noch gerechtfertigt sei. Die Allianz blieb bestehen, weil die Amerikaner eine Art europäische Verankerung für die Durchsetzung ihrer globalen Interessen brauchten. Einwände dagegen wurden von Moskau nicht angemeldet. Dass die NATO in einigen Jahren beginnen würde, die aus dem Ostblock entlassenen europäischen Staaten einen nach dem anderen zu verschlingen, kam ursprünglich niemandem in den Sinn. Es galt als selbstverständlich, dass die NATO eben die NATO bleibt und nicht zu einem kontinentalen Monstrum wird. Es stellte sich aber bald heraus, dass nichts in der sogenannten postkonfrontativen Welt für selbstverständlich gehalten werden könne.

Nachdem die UdSSR zerfiel und Russland hart am Rande seiner Implosion stand, wurde im Westen die Idee einer NATO, die den ganzen europäischen Kontinent mit Ausnahme von Russland umfasst, als geniale Eingebung gefeiert. Aus purer Höflichkeit wurde Boris Jelzin damals gefragt, ob Russland etwas gegen diesen Plan, insbesondere gegen die NATO-Mitgliedschaft von Polen, habe. Niemand hatte vor, ein russisches Veto – wenn es kommen sollte – auch nur im Geringsten zu beachten. Der ewig alkoholisierte erste Präsident Russlands, der in jenem Moment Warschau besuchte, äußerte sich anfänglich sogar positiv (später erklärte er intern seine Nachgiebigkeit, genau wie Gorbatschow es vor ihm tat, dadurch, dass im Prinzip jedem freistehen sollte, seine Allianzen zu wählen). Nach der Rückkehr nach Moskau änderte er seine Meinung, verwarf die Absicht, Russland zu isolieren, und insistierte auf seiner Einbeziehung ins paneuropäische Sicherheitssystem. Der Westen (das heißt vor allem die USA) weigerte sich, eine Gleichberechtigung Russlands in Sachen europäische Sicherheit anzuerkennen, und schlug stattdessen eine Assoziation mit der NATO vor. Im Mai 1997 wurde nach jahrelangem Verhandeln die »Grundakte über gegenseitige Beziehungen, Zusammenarbeit und Sicherheit zwischen der NATO und der Russischen Föderation« unterzeichnet.

Zwei Punkte dieses umfangreichen Dokuments waren insbesondere als Grundlage der konstruktiven Beziehungen zwischen der NATO und der Russischen Föderation anzusehen: 1.) »Verzicht auf die Androhung oder Anwendung von Gewalt gegeneinander oder gegen irgendeinen anderen Staat, seine Souveränität, territoriale Unversehrtheit oder politische Unabhängigkeit in einer Weise, die mit der Charta der Vereinten Nationen oder der in der Schlussakte von Helsinki enthaltenen Erklärung über die Prinzipien, die die Beziehungen der Teilnehmerstaaten leiten, unvereinbar ist«; 2.) »Achtung der Souveränität, Unabhängigkeit und territorialen Unversehrtheit aller Staaten sowie ihres naturgegebenen Rechtes, die Mittel zur Gewährleistung ihrer eigenen Sicherheit sowie der Unverletzlichkeit von Grenzen und des Selbstbestimmungsrechtes der Völker, wie es in der Schlussakte von Helsinki und anderen OSZE-Dokumenten verankert ist, selbst zu wählen«. Des Weiteren wurde ein Ständiger Gemeinsamer NATO-Russland-Rat eingerichtet, dessen Hauptaufgabe es sein sollte, »immer mehr Vertrauen zu bilden, einheitliche Ziele zu formulieren und die Praxis ständiger Konsultationen und Zusammenarbeit zwischen der NATO und Russland zu entwickeln, um die Sicherheit der jeweils anderen Seite und die aller Staaten im euro-atlantischen Raum zu verbessern, ohne die Sicherheit eines Staates zu beeinträchtigen«. Besser hätte man die Bedingungen für ein erfolgreiches und fruchtbares Zusammenwirken der Allianz und Russlands im Interesse des dauerhaften europäischen Friedens kaum formulieren können. (Presse- und Informationsamt der Bundesregierung. Bonn, 27. Mai 1997, S. 6.)

Das Dokument war ausgezeichnet – würde es jemals zu seiner Anwendung kommen. Auf US-Bestehen wurde ihm aber nur der Status einer Absichtserklärung verliehen, das heißt einer Deklaration, die keine parlamentarische Ratifikation brauchte und deren Nichtimplementierung deshalb nicht als Verletzung der geltenden vertraglichen Verpflichtungen anzusehen war. Die erste ernstzunehmende Verschärfung der internationalen Lage machte aus der Grundakte NATO-Russland einen einfachen Fetzen Papier. Der NATO-Krieg gegen Jugoslawien, über dessen Beginn 1999 entgegen den festgelegten Regelungen kein Beschluss des UN-Sicherheitsrats vorlag und keine vorherigen Konsultationen mit Russland stattfanden, bedeutete das Ende aller ernstzunehmenden Versuche, ein übergreifendes System der kollektiven Sicherheit in Europa zu schaffen. Die NATO-Ausbreitung wurde fortgesetzt, ohne auf Proteste und Warnungen Russlands achtzugeben. Dabei setzte die Allianz ihre ganze Kraft ein, um die seit Anfang der neunziger Jahre im Umlauf befindliche Beteuerung entwerten zu lassen, die NATO sei für die Außenwelt so harmlos wie ein Golfclub geworden. Die NATO ähnelt immer mehr einem gigantischen superstarken ferngesteuerten Panzerwagen, der sich Schritt für Schritt den russischen Grenzen nähert. Auf die Vernunft der Chefs der NATO-Kriegsmaschine ist kein Verlass – ein x-beliebiger Nachbar der Allianz könnte jederzeit ein zweites Jugoslawien werden, wenn die Aussicht besteht, dass man auf keine wesentliche Abfuhr zu stoßen riskiert. Ursprünglich bestand eine schwache Hoffnung, dass die Europäer in der NATO einen mäßigenden Einfluss auf die Hitzköpfe unter den US-Generälen ausüben könnten. Nachdem die Länder wie Polen oder Balten in der Allianz mitzuentscheiden begannen, ist diese Hoffnung dahin. Das Gefährlichste ist, dass der Konflikt durch die Laune eines Zwergstaates mit hysterischen Russophoben an der Spitze entfesselt werden könnte, wobei die Verantwortung dafür selbstverständlich Russland zugeschoben werden würde. Der Weltfrieden hat heute eine geladene Pistole an seiner Schläfe.

Die Absicht, Russland zu isolieren, trat von Jahr zu Jahr überzeugender zutage. Der maniakalische Drang der Allianz nach Osten wurde offiziell dadurch begründet, dass die neuen Mitglieder selbst darum baten, aufgenommen zu werden. Als ob die Allianzstatuten zwingend vorschreiben würden, jeden aufzunehmen, der den Wunsch dazu geäußert hätte. Eine Lawine der NATO-Eintrittsfürbitten zu erzeugen, war nicht schwer: Die reiche Europäische Union, deren Mitglieder die weniger begüterten osteuropäischen Länder aufzunehmen bereit waren, führten die Praxis ein, dass nur dann eine Aufnahme erfolgte, wenn die Länder vorher der NATO beitraten. Und plötzlich wollten alle in die Allianz, die sie ihrerseits mit offenen Armen erwartete. Ich selbst habe mehrmals meine deutschen Gesprächspartner gewarnt, dass auch die sprichwörtliche russische Geduld irgendwann platzen müsste, und empfahl: »Möge der Allianzbestand so bleiben, wie er heute ist, die weitere Ausdehnung ist aber unverzüglich zu stoppen!«

Am 10. Februar 2007 sprach Wladimir Putin auf der Münchner Konferenz für Sicherheit. Noch niemals zuvor hat ein ausländisches Staatsoberhaupt das Wort dort ergriffen. Diese spektakuläre Geste sollte die Bedeutung dessen akzentuieren, was der russische Präsident den Europäern mitzuteilen hatte. Sorgfältig motivierte Putin die These, dass »der Prozess der NATO-Erweiterung nichts mit der Modernisierung der Allianz selbst oder mit der Garantie für die Sicherheit in Europa zu tun hat«, und sagte weiter: »Im Gegenteil ist das ein provokativer Faktor, der das Niveau des gegenseitigen Vertrauens senkt. Mit Grund sind wir berechtigt, zu fragen, gegen wen diese Erweiterung gerichtet ist? Und was aus den Beteuerungen geworden ist, die wir von den westlichen Partnern nach der Auflösung des Warschauer Vertrags erhalten hatten? Wo sind jetzt diese Beteuerungen?« Der Präsident wies in diesem Zusammenhang auf die Erklärung des damaligen NATO-Generalsekretärs Manfred Wörner am 17. Mai 1990 in Brüssel und zitierte daraus: »Die Tatsache selbst, dass wir bereit sind, die NATO-Truppen außerhalb des Territoriums der Bundesrepublik nicht zu stationieren, gibt der Sowjetunion feste Sicherheitsgarantien.« Putin fragte dazu: »Und wo sind jetzt diese Garantien?«

Im Weiteren unterstrich Wladimir Putin: »Steine und Betonblöcke der Berliner Mauer sind längst als Souvenirs vergriffen. Man darf aber nicht vergessen, dass ihr Fall auch dank der historischen Entscheidung insbesondere unseres Volkes, des Volkes Russlands, ermöglicht wurde – der Entscheidung zugunsten der Demokratie und Freiheit, der Offenheit und aufrichtigen Partnerschaft mit allen Mitgliedern der großen europäischen Familie. Heute versucht man jedoch, uns schon wieder neue Trennungslinien und Mauern aufzuzwingen. Auch wenn es sich um virtuelle Mauern handelt, ist das dennoch etwas, was trennt und unseren gemeinsamen Kontinent zerschneidet. Sollte es nun wirklich wieder lange Jahre, ja, Jahrzehnte und mehrere Generationswechsel von Politikern dauern, bevor diese neuen Mauern abgerissen und demontiert werden könnten?«

Niemand kann behaupten, Russland habe angesichts der westlichen Schritte, die seine Sicherheit aufs Spiel setzten, ohne Verwarnung Gegenmaßnahmen eingeleitet. Die Führungen der westlichen Länder wussten genau, dass die Pläne, Russland zu zähmen und als einen aktiven Teilnehmer der Weltpolitik auszuschalten, irreal waren. Dennoch überwog der Hochmut und die Überzeugung, allmächtig geworden zu sein.

Das Ende der bipolaren Welt (in Wirklichkeit war sie tripolar – die Rolle der Gruppe von bündnisfreien Staaten blieb beachtlich) wurde irrtümlicherweise für den Beginn des unipolaren Weltsystems gehalten, mit anderen Worten: für die Ankunft von *Pax Americana*: Die Welt unter der US-Aufsicht und nach den US-Regeln. Man hätte das vielleicht sogar hinnehmen können, wenn *Pax Americana* die Garantie eines dauerhaften Friedens für alle wäre. Aber nein – die amerikanische Vorherrschaft bringt das Ende der Stabilität und letztendlich Chaos überall hin, wo sie sich etablieren kann.

Ein Vierteljahrhundert lang fand sich keiner bereit, öffentlich auf den Fehlschluss einer segensreichen Auswirkung des einseitig auf die USA orientierten Weltsystems hinzuweisen, obwohl die Summe der Versäumnisse blitzartig anwuchs, die von der imaginären Unipolarität herrührten. Die selbstherrliche Handlungsweise der US-Amerikaner löste kein einziges Problem in der Welt, sie verstärkte sie sogar (siehe die Kriege im Irak, Libyen, Afghanistan). Dabei breitete sich eine übertriebene, fast von nichts gezügelte Praxis der Gewaltanwendung und der Missachtung von Grundprinzipien des Völkerrechts aus; es folgte der Versuch, das Rechtssystem eines Staates, nämlich der USA, dem gesamten Globus aufzuzwingen. Im Ergebnis fühlt sich niemand in Sicherheit. Heute ist eine globale Furcht vorherrschend: Der Rüstungswettlauf ist wieder mit voller Wucht da.

6. Kapitel

Erinnerungen an die Zukunft

Die zweigeteilte Welt von vorgestern – die von einem Eisernen Vorhang getrennt war – ist vorbei. Mancherorts kann man Nostalgiker dieser Zeit antreffen. Was Russland anbetrifft, besteht dort kein Bedürfnis, sie wieder zu beleben. Solcherart Anstrengung würde die begrenzten Möglichkeiten des Landes bei weitem übertreffen. Auch ideologisch bestünde kein Grund, sich eine solche Last aufzubürden. Das neue Russland will keinem Land der Welt seine Vorstellungen von Glück aufzwingen. Jedes Kloster hat seinem eigenen Statut entsprechend zu leben, sagt eine russische Volksweisheit. Das soll aber auch für Russland selbst gelten. Verändert sich die Welt, dann bitte nach ihren immanenten Gesetzen und nicht nach dem Gutdünken ungebetener Weltverbesserer.

Niemand will eine russische Ostalgie

Inzwischen hat die moderne Welt ihre – im Vergleich zum Kalten Krieg – weit größere Gefährlichkeit bewiesen. Die globale Mannigfaltigkeit von einem Zentrum aus nivellieren zu wollen, überfordert die menschlichen Möglichkeiten, insbesondere wenn dieses Zentrum einen provinziellen Beigeschmack nicht loswerden kann.

Die Menschheit kann sich auf Dauer nicht damit abfinden, dass ihr Schicksal von Launen eines Politikers oder einer Politikergruppe mit unwägbar einseitigen Auffassungen vom Lebenssinn abhängig wäre. Die Zeit der globalen Imperien ist längst *passé*. Die gewaltsame Verbreitung auch von den besten Lebensformen passt nicht in die Realitäten des 21. Jahrhunderts. Eine diktatoriale Weltführung rentiert sich nicht mehr, denn sie kann durch ihre Effektivität keineswegs überzeugend wirken. Russland hat nicht vor, Amerika den Status des mächtigsten Staates der Welt streitig zu machen. Auch Numero zwei in der Weltrangliste wäre für Russland zu schwer. Es will nur nicht zum Diener ganz gleich bei welchem Herrn der Welt herabsteigen. Russland will Russland bleiben. Diese Stellung genügt ihm vollkommen.

Die Welt von morgen, die eine Harmonisierung der Interessen aller Teilnehmer benötigt, ist erst noch im Begriff, zu entstehen. Wann sie kommt, ist nicht genau abzusehen. Hat sich die duale oder monochrome Weltordnung sozusagen von selbst installieren können, wird der Aufbau der polychromen Weltgemeinschaft die Bemühungen aller Staaten, mindestens aber aller führenden Staaten, erfordern. Zwar ist diese für sämtliche Aktionisten der internationalen Politik unabkömmliche Einheit von Wille und Tat heute mehr ein frommer Wunsch als ein realisierbares Ziel. Dennoch muss dieser Weg beschritten werden, wollen wir unseren Planeten bewohnbar erhalten. Den Auftakt zur gefahrenfreien Zukunft kann und muss ein flächendeckendes kollektives Sicherheitssystem bilden, das nicht nur auf Auserwählte begrenzt wäre.

Wie genau dieses kollektive Sicherheitssystem aussieht, muss den künftigen Verhandlungen überlassen werden. Eine Vorstellung davon gibt der Plan, der Ende der 1980er bis hinein in die 1990er Jahre diskutiert wurde. Er sah ein gemeinsames Dach über die NATO und die Staaten des Warschauer Paktes mit einem Konsultationsmechanismus vor. Nach der Auflösung des Warschauer Vertrags wurde die Idee besprochen, die KSZE zu einer »europäischen UNO« auszubauen, wo alle die Europäer interessierenden Fragen besprochen werden könnten. In den Diskussionen können auch weitere Varianten entstehen – dafür muss man aber miteinander sprechen und nicht nur die Ultimaten stellen.

Das Gleichnis Russland = Putin

Trotz der globalen Verbreitung der Demokratie in der zweiten Hälfte des 20. Jahrhunderts zeigt die moderne Praxis, dass auch jetzt das Tun und Treiben einzelner führender Teilnehmer am Weltgeschehen durch die Persönlichkeiten der Politiker maßgeblich beeinflusst werden. Sie verfügen über die ausschlaggebenden Positionen im internen Mechanismus des staatlichen Entscheidungsprozesses. Niemand würde beispielsweise bezweifeln, dass die Bundesrepublik bereits in den ersten Jahren ihres Bestehens ein demokratischer Staat war. Dennoch verdient diese Epoche ganz eindeutig den Namen »Ära Adenauer«. Darin sind sich alle Analytiker einig. Andere Beispiele aus der jüngsten deutschen Geschichte sind die »Ära Kohl« und »Ära Merkel«. Trotz der teilweise heftigen Kritik an Entscheidungen der Kanzlerin gab es während der Wahlkampagne 2017 keinen Augenblick, in dem ihr Sieg bezweifelt werden konnte.

Die sich profilierenden Politiker müssen inzwischen keineswegs nur Könige, Präsidenten oder Premierminister sein. Oft genug entscheiden über die Geschicke von Ländern jene Menschen, die zwar aus Entscheidungszentren heraus agieren, ansonsten aber das Rampenlicht meiden. Alle in Europa wissen, dass Jaroslaw Kaczynski im heutigen Polen das Sagen hat, obwohl er »bloß« der Boss der regierenden Partei ist. Das polnische Beispiel ist aber eher eine Ausnahme in den europäischen Verhältnissen. Was das moderne demokratische Russland anbetrifft, kann ganz bestimmt festgestellt werden, dass seine Politik in allen Bereichen von der Persönlichkeit des Staatspräsidenten untrennbar ist. Es kann kein Zufall sein, dass alle Attacken auf Russland und auf die Russen als Nation so oder so mit den Insinuationen gegen Putin zusammenfallen. Wer Russland etwas Böses zufügen will, greift in erster Linie seinen Präsidenten an.

Das Phänomen Putin ist aus meiner Sicht würdig, zu den verblüffendsten Erscheinungen des 21. Jahrhunderts gerechnet zu werden. Geboren am 7. Oktober 1952 in Leningrad (heute wieder Sankt Petersburg), verkörpert er einen klassischen Fall des Aufstiegs eines Mannes aus dem Volk, dessen Eltern auf keine Weise zu den Eliten der damaligen sowjetischen Gesellschaft gehörten. Sein Leben hat Putin aus eigener Kraft gemeistert. Er benutzte geflissentlich die ihm vom sozialistischen

Staat gebotene Möglichkeit, eine Hochschulbildung an der Leningrader Universität zu erhalten, wurde Jurist und nahm die Einladung an, in den staatlichen Dienst einzutreten. Er empfand es als Ehre und Vertrauensbeweis, dass er dem KGB-Außenaufklärungsdienst (SWR) beitreten durfte, der den Auftrag erfüllte, die Sicherheit des Landes in einer äußerst unruhigen Welt aufrechtzuerhalten. Als Mitarbeiter des Dienstes wurde er 1985 in die DDR, nach Dresden, abkommandiert.

In den Wäldern um Dresden herum waren sowjetische Panzerarmeen stationiert, denen im Falle eines Falles eine bedeutsame Rolle bei der Abwehr eines eventuellen NATO-Angriffs und dem Gegenschlag zugedacht war. Es ist verständlich, dass die westlichen Spionageagenturen ein sehr reges Interesse an diesen WGT-Einheiten samt ihrem Personal an den Tag legten. Zu den Aufgaben der Dresdner SWR-Niederlassung gehörte, diese westlichen Aktivitäten zu konterkarieren. Parallel arbeitete Putin mit dem Dresdner Haus der Gesellschaft für Deutsch-Sowjetische Freundschaft (DSF) eng zusammen. Die DSF-Aktivitäten bildeten eine der wenigen Möglichkeiten, die Leute in der DDR mit der Problematik der sowjetischen Perestroika wahrheitsgemäß vertraut zu machen. Putin hat in Dresden viele deutsche Freunde gewonnen, machte sich eine gute Vorstellung von Sorgen und Ängsten der DDR-Bürger, wurde ein Kenner der deutschen Sprache.

Die Turbulenzen der DDR-Krise erlebte Putin aus nächster Nähe. Das sächsische Dresden war eines der Zentren der Massenunzufriedenheit der Bevölkerung. Der Eindruck sorgfältig vorbereiteter Spontaneität der

Straßenkundgebungen blieb ganz lebendig in Putins Erinnerung. Diese Erfahrungen begleiteten ihn auch nach der Rückkehr nach Leningrad 1990, wo ihn das letzte Stadium des Perestroika-Verfalls erwartete. Im August 1991 quittierte er im Alter von 39 Jahren und mit dem Rang eines Oberstleutnants den SWR-Dienst und begann seine Laufbahn im Zivilleben. Putin war nacheinander als Berater für internationale Beziehungen des Rektors der Leningrader Universität und als Vorsitzender des Komitees für Auswärtige Angelegenheiten der Stadtverwaltung von Sankt Petersburg tätig. Er war Assistent von Anatolij Sobtschak, dem damaligen Oberbürgermeister von Sankt Petersburg.

Sobtschak war einer der bekanntesten Reformatoren Russlands, er öffnete dem talentierten Manager Putin die Türen in die oberen liberalen Kreise. In dieser Zeit besuchte der damalige Büroleiter Sobtschaks Berlin als Vertreter von Leningrad beziehungsweise Sankt Petersburg in verschiedenen Informations- und Wirtschaftsdelegationen aus der Russischen Föderation. Die Russen versuchten, die ostdeutschen Erfahrungen für den Aufbau einer kapitalistischen Gesellschaft mit Sozialgrundzügen in Russland zu nutzen. Putin hielt sich dabei so bescheiden und diskret, dass ich erst vor kurzem anhand der bei mir aufbewahrten Delegationslisten seine Anwesenheit entdecken konnte. Der Fund war zufällig, weil ich Materialien für eine eventuelle Publikation meiner Tagebuchnotizen aus dieser Periode vorbereitete.

1996 beschleunigte sich für Wladimir Putin der Lauf der Dinge. Nach einer Wahlniederlage Sobtschaks und der Kündigung seiner Mannschaft wurde er vom Chef der Präsidialen Administration der Russischen Föderation als Stellvertretender Geschäftsführer nach Moskau geholt. Dort fiel Putin dem Präsidenten Boris Jelzin als außerordentlich effektiver und initiativreicher Administrator auf. Seine Talente taten sich vor dem grauen Hintergrund der Jelzin-Umgebung besonders hervor, denn die Organisationsbegabung ist eine Seltenheit bei den russischen Liberalen. Er avancierte bald zum Chef des Föderalen Sicherheitsdienstes (FSB) und Mitglied des Sicherheitsrats der Russischen Föderation. Im August 1999 wurde Putin von Jelzin zum Vorsitzenden des Ministerrats der Russischen Föderation ernannt. Nach der geltenden russischen Verfassung ist der Regierungschef Numero zwei in der Staatshierarchie und vertritt das Staatsoberhaupt, wenn es nicht imstande ist, seine Funktionen auszuüben. Deshalb war es nur logisch, dass Putin am 31. Dezember 1999 von Jelzin, der aus Gesundheitsgründen nicht mehr weitermachen konnte, zum Interimspräsidenten ernannt wurde. Am 20. März 2000 war Putin im Alter von nicht vollen 48 Jahren mit einer verlässlichen Stimmenmehrheit zum Präsidenten der Russischen Föderation gewählt.

Putins Herkulesaufgabe

Putin erzählte einmal, dass seine erste Reaktion auf den Vorschlag von Jelzin, sich nach seinem Rücktritt um den Präsidentenposten zu bewerben, eine Absage war. Zu groß war die Verantwortung, zu dramatisch die

Lage, zu undurchsichtig die Zukunft. Dann aber, nach einer sorgfältigen Analyse der möglichen Kandidatenliste, überlegte er es sich anders. Es herrschte kein Mangel an denen, die gern nach dem höchsten staatlichen Posten mit allen zehn Fingern gegriffen hätten. Aber die meisten anderen Varianten wären für Russland lebensgefährlich, praktisch tödlich – um Jelzin herum drängte sich eine gierige Mafia zusammen, die nur nach der nächsten Gelegenheit haschte, immer größere Stücke der Torte des Nationaleigentums abzuzwacken. Putin konnte so ein hohes Risiko für sein Land nicht zulassen. Er machte den Job also selbst.

So kam es zur Präsidentschaftskandidatur Putins. Der Wähler empfand sie als eine mobilisierende, vereinigende und zukunftsorientierte politische Perspektive. Die Qualitäten Putins waren offensichtlich – ein neuer, unbefleckter, in keine früheren Skandale verwickelter Mann, jung, dabei erfahren, ruhig und selbstsicher, gesund, kräftig – ein Gegenpol zu allen seinen Vorgängern auf dem höchsten Posten, und vor allem: zum greisen Breschnew, zum eitlen Gorbatschow und zum unzuverlässigen Jelzin.

Als Präsident überzeugte Putin sowohl das eigene Land als auch international. Er hat eine verblüffende Bürgernähe und Arbeitsfähigkeit an den Tag gelegt, einen ständigen Kontakt zu den verschiedensten Bevölkerungsgruppen hergestellt und gepflegt, Transparenz in die Staatsangelegenheiten hineingetragen, die wichtigsten Sitzungen von Regierungsorganen im TV übertragen lassen. Er bereiste Russland und das Ausland, sprach mit den Menschen oft und offen, war zugäng-

lich und einfach im Umgang. Er betonte die Kontinui-
tät des historischen Daseins Russlands durch die Vereinigung seiner nationalen Symbole aus verschiedenen
Epochen – Doppeladler des russischen Imperiums, Tri-
kolore der Russischen Republik von 1917, Staatshym-
nemusik aus der Sowjetzeit. Kein Wunder, dass eine
triumphale Wiederwahl Putins als Präsident auch 2004
und 2012 stattfand. Im März 2018 steht ihm die nächste Präsidentschaftswahl bevor, die er gewinnen muss.

Zum Präsidenten gewählt zu werden, war für Putin
bloß der Anfang der Arbeit, die eine maximale tagtäg-
liche Anstrengung erforderte. Das Erbe Boris Jelzins
war in jeder Hinsicht alles andere als ermunternd. Die
vielzitierte Demokratie wurde im Oktober 1993 unter
dem Feuer der Panzerwagenkanonen begraben, die das
Parlament auf Befehl des Präsidenten zerschossen hatten. Die Raubtier-Privatisierung schuf eine Clique der
Superreichen (Oligarchen), die das Land eher ausplün-
derte als regierte. Im Präsidentensessel saß vor ihm ein
vom Alkoholgenuss abhängiger Mann, von dem niemand wusste, was er in nächster Minute unternimmt.
Die Wirtschaft lag in Ruinen, die Löhne wurden mona-
telang nicht ausbezahlt, soziale Spannungen erreich-
ten eine unerträgliche Schärfe. Das Produktionsniveau
von 1990 schien ein unerreichbares Traumziel geworden zu sein. Kriminelle Banden teilten unter sich das
Land auf. Im Kaukasus wüteten die Terroristen, die ihre
Fangarme über das ganze Territorium des Staates aus-
streckten. Die Armee degradierte, hungrige Rekruten
bettelten an den Bushaltestellen sogar in der Hauptstadt, Offiziere liefen weg. Internationale Positionen

des Landes existierten nicht mehr, niemand gab sich die Mühe, auch ein Wort über die nationalen Interessen Russlands zu verlieren. Die Achtung vor Russland war in Fetzen zerrissen. Die NATO marschierte ungehindert gen Osten trotz aller früheren anderslautenden Versprechungen. Die neuen demokratischen Freunde aus dem Westen äußerten fast offen ihr ungeduldiges Warten auf einen baldigen Zerfall der Russischen Föderation.

Wie sich aus Chaos Ordnung entwickelte

Das Schwierigste dabei war, dass alles gleichzeitig geradegebogen werden musste. Putin verdient ein Denkmal bei Lebzeiten dafür, dass er keiner Panik unterlag, sondern sich als neuer Präsident buchstäblich in die Arbeit stürzte. Auch bei bestem Willen kann niemand abstreiten, dass es Putin gelang, in der historisch kürzesten Zeit das Maximum des Möglichen zu erreichen. Die Parteienlandschaft wurde Schritt für Schritt wiederhergestellt. Eine klare Trennungslinie zwischen Politik und Business war gezogen und die machthungrigen Oligarchen gezügelt. Der bekannteste Fall aus diesem Bereich war das Ringen des Präsidenten mit dem vom Ausland unterstützten Ölkonzern JUKOS, dessen Chef Michail Chodorkowski, der reichste Mann Russlands, seine Absicht nicht verbarg, Putin zum Rücktritt zu zwingen und seinen Posten selbst zu übernehmen. Das Ziel gab er auch nach zehn Jahren der Strafkolonie nicht auf (er wurde 2004 wegen Unterschlagung und

Steuerhinterziehung verurteilt) und zählt sich jetzt zur Führerschaft der politischen Opposition in Russland dazu.

Es wurde die Machtvertikale wiederhergestellt – die unteren Staatsorgane richteten sich, wie es sich gehört, nach den Entscheidungen, die die oberen Machtetagen trafen. Der Staatsapparat gesundete nach und nach, Unternehmertätigkeiten wurden in normale Bahnen geleitet, Banken stabilisiert. Die Beschneidung der Aktionsfreiheit des Kapitals im politischen Bereich war eng mit der Bekämpfung der gemeinen Kriminalität verbunden. Die Bandenzügellosigkeit gehörte bald der Vergangenheit an und mit ihr auch das Wüten der Terroristen. Eine Garantie gegen terroristische Akte gibt es nicht (und kann es nicht geben), Zwischenfälle finden ab und zu statt, aber der Unverfrorenheit der Terroristen ist ein Ende gesetzt, und ihre Chefs sind hinter Gittern gelandet. Die Wirtschaft, Landwirtschaft inklusive, blühte auf – trotz der westlichen Sanktionen blieb sie auch bis heute intakt, und das Land kann sich sogar die Kontersanktionen leisten.

Die russischen Streitkräfte sind in einem vorbildlichen Zustand – sogar besser organisiert im Vergleich mit der Spätsowjetperiode. Zahlenmäßig kleiner als früher und mit der auf ein Jahr gekürzten Dienstdauer für die Einzuberufenen sind sie viel besser strukturiert, bewaffnet und ausgerüstet. Das Land muss den Hut vor den Arbeitern und Ingenieuren der militärtechnischen Betriebe ziehen, die trotz aller Kalamitäten der Übergangszeit das staatliche Wehrpotential bewahren und weiterentwickeln konnten. Die Schlagkraft der russischen Luft- und Raketenwaffe, demonstriert in Syrien, wurde zur genuinen Überraschung für den Westen, der bereits eine fröhliche Trauerfeier zum Ableben Russlands vorbereitet hatte. Die westliche Enttäuschung nahm die Form einer ungehaltenen propagandistischen Attacke gegen alles an, was mit Russland in Verbindung steht. Jüngst wurden sogar die längst eingeplanten russisch-belorussischen Manöver als Vorwand für eine hysterische antirussische Hetzkampagne von unglaublichen Ausmaßen benutzt. Polen und baltische Staaten imitierten Heidenangst vor einem unmittelbar bevorstehenden russischen Überfall. Obwohl der Überfall nicht stattfand, dauert die Hysterie weiter an.

Neue Gefahren

Die Frontlinie entlang der russischen Grenze ist nicht etwa das Resultat einer russischen Westexpansion, sondern der NATO-Ostausbreitung. Es war der Westen, der diese Situation entstehen ließ, und es war Russland, das seit Anbeginn der Postkonfrontationsperiode stets vor dieser Ausbreitung gewarnt hatte. Im Laufe des letzten Vierteljahrhunderts hat Russland versucht, einen Ost-West-Ausgleich zu schaffen. Das 1990 formulierte allgemeine Prinzip der neuen Friedensordnung war: eine unteilbare Sicherheit für alle, wobei die eigene Sicherheit nicht auf Kosten der Sicherheit für andere aufgebaut werden dürfe. Russland zeigte die Bereitschaft, alles zu tun, um dieses Prinzip umzusetzen. Die Philosophie des angeblich im Kalten Krieg erkämpften

Sieges oder des *Amerika first* widerspricht diesem Prinzip aufs Schärfste. Der Westen machte alles, um sein vorübergehendes Übergewicht für die Verewigung der westlichen Diktatorialstellung in der Welt zu nutzen. Die Stabilität der internationalen Beziehungen kann jedoch nur erreicht werden, wenn die allgemeine Sicherheit auf einer gleichberechtigten Grundlage zuverlässig garantiert ist.

Russlands Schwächen

Natürlich hat Russland noch viele schwache Stellen – nach mehr als einem Jahrzehnt der Zerrüttung des Landes wäre es ein Wunder, wenn alles wie am Schnürchen liefe. Auch die Länder mit einer glücklicheren Vorgeschichte sind nicht frei von Schwächen und Mängeln. Noch viel bleibt in Russland zu verbessern und zu reformieren. Die Kritiker, die ihre Meinung ungehindert äußern, haben allzu oft recht, wenn sie auf die existierenden Lücken hinweisen. Deshalb ist es besonders wichtig, dass im neuen Russland ein Mechanismus der Verbindung zwischen der Politik und der öffentlichen Meinung entstanden ist und weiter vervollkommnet wird, dessen Ziel ist, die Bereiche offenzulegen, bei denen der Staat oder die Öffentlichkeit einzugreifen hat. Die Bekämpfung der Korruption erfasst auch die höchsten Etagen des Staatsapparats und der Wirtschaft. Das Wesentliche ist, dass der Schleier des Schweigens ständig weiter zerrissen wird, dass der Prozess der Enthüllung anhält, dass die Kontrollorgane nicht einschlafen, dass die Diebe vors Gericht treten müssen, aus welchen Gesellschaftskreisen sie auch kommen mögen.

Reguläre und direkte, im Fernsehen übertragene Frage-Antwort-Sendungen mit dem Präsidenten sind ein effektiver Gradmesser für des Volkes Stimmung in der ganzen Breite der Problematik des öffentlichen Lebens. Bei dieser unmittelbaren Kontaktaufnahme des Präsidenten mit der Bevölkerung werden über Telefone und Internet auch Fragen, Bitten und Beschwerden registriert, die dem Präsidenten aus Zeitmangel nicht vor Augen der TV-Kameras vorgelegt werden können. Bei den nachfolgenden Zusammentreffen des Staatsoberhaupts mit den Ministern, Gouverneuren, hohen Wirtschaftsvertretern (und die finden praktisch jeden Tag statt) werden die entsprechenden Beschwerdelisten in den berühmten grünen Aktenmappen den Gesprächspartnern eingehändigt. Und wehe dem, der sich erdreistet, diese Listen links liegenzulassen!

Selbstverständlich bleibt Wladimir Putin nur ein Mensch. Er kann keine Wunder bewirken, er muss sich nach den realen Begebenheiten richten. Er macht manchmal Fehler, er täuscht sich bisweilen in den Leuten. Aber: Er hat bewiesen, dass er aus den Fehlern (und nicht nur aus den eigenen) rasch lernt und sie niemals wiederholt. Die gigantische staatsmännische Erfahrung, die Putin mit den Jahren gesammelt hat, hilft ihm, fast immer die bestmögliche Lösung für jedes Problem zu finden, vor das das Leben ihn und sein Land stellt – und der Name der Probleme ist Legion! Seine Autorität in Russland ist grenzenlos. Und nicht nur in Russland. Es ist für mich schwer, zu beurteilen, aus welchem Grund es auch in Deutschland bei der jüngsten Bundestagswahlkampagne Plakate mit der Überschrift »Stimmt für Putin!« gab. Seine Opponenten wissen, dass niemand im Lande eine Chance hat, eine Wahl gegen Putin zu gewinnen. Deshalb konzentrieren sie ihre Hoffnungen auf die Nach-Putin-Zeit. Als ein umsichtiger Staatschef stellt sich Putin auch auf diese Perspektive ein.

Die nächste Legislaturperiode wird bestimmt die letzte Putinsche Präsidentschaft sein – das schreibt die Verfassung vor, und er hat mehrmals seine Verfassungstreue bewiesen. Die Vorbereitungen zu dieser Zeit laufen bereits an – die Verjüngung und Professionalisierung des Gouverneurskorps haben sich zum Beispiel seit einigen Monaten intensiviert. Dort, in den Regionen, werden die künftigen Macher formiert, in deren Hände später das Schicksal des Landes übergeben werden könnte. Es wird nicht leicht sein, als Putins Nachfolger die Fragen an die russische Gegenwart und Geschichte beantworten zu müssen. Das verpflichtet sowohl die Politiker als auch die Wähler.

Wie Putin Russland prägt

Wladimir Putin sagte im September 2017 in einem Interview über internationale Gepflogenheiten: »Das Wesentlichste für mich ist die Zuverlässigkeit, wobei eines der wichtigsten Charakteristiken der Zuverlässigkeit die Fähigkeit ist, das zu realisieren, worüber die Absprache erzielt worden war. Das heißt – das gegebene

Wort muss gehalten werden.« Diesem Grundsatz hält er auch gegenüber sich selbst die Treue – und nicht nur im internationalen Bereich. Das Typische für seine Art, die entstehenden Probleme anzufassen, ist das Bestreben, sie in aller Güte zu regeln. Er beginnt immer mit der Suche nach einem Kompromiss. Komplikationen kommen nur dann auf den Plan, wenn sich der Gesprächspartner als kompromissunfähig beziehungsweise -unwillig erweist. Trotz des unsinnigen westlichen Geschreis von einem Krieg mit Russland hat Putin nie den Westen als solchen oder ein westliches Land zum Gegner, geschweige denn zum Feind abgestempelt. Mit Ausnahme der Terroristen existieren für ihn in der Welt ausschließlich Partner, Kollegen – und Konkurrenten. Nach dem 11. September 2001 hat er dem damaligen US-Präsidenten George Bush die engste Zusammenarbeit bei der Bekämpfung des internationalen Terrorismus angeboten – die Amerikaner hielten das Angebot für nutzlos und haben es verstreichen lassen.

Von Anfang an wollte Putin eine konstruktive Zusammenarbeit mit der Europäischen Union aufbauen. In seiner Rede vor dem Deutschen Bundestag am 25. September 2001 hat er Europa die Freundschaft und Unterstützung seines Landes angeboten. Als Geste der besonderen Achtung vor Deutschland und seiner besonderen Rolle in der Europäischen Union hat er mit der geltenden diplomatischen Tradition gebrochen und hielt seine Ansprache auf Deutsch. Sie wurde mehrmals von freundlichem Beifall der anwesenden Abgeordneten unterbrochen. Als ich diese Zeilen schrieb, hatte ich keinen Originaltext der Rede Putins zur Hand, nur seine Übersetzung ins Russische. Aber auch eine Rückübersetzung gestattet, nachzuvollziehen, wie das Putinsche Angebot an die Bundesrepublik – als eine führende Kraft der Europäischen Union – zu erfassen ist.

Vertane Chancen

Die Hauptthese der Bundestagsrede Putins lautete: »Europa würde seinen Ruf als ein mächtiges und tatsächlich selbständiges Zentrum der Weltpolitik felsenfest und dauerhaft stärken, wenn es die eigenen Möglichkeiten mit den russischen Möglichkeiten – mit den Menschen-, Territorial- und Naturressourcen, mit Wirtschaft, Kultur und Verteidigungspotential Russlands – wird vereinen können.« Speziell über das deutsch-russische Verhältnis sagte Putin damals: »Heute ist Deutschland der wirtschaftliche Hauptpartner Russlands, unser wichtigster Kreditor, einer der Hauptinvestoren, außenpolitischer Schlüsselgesprächspartner. Das russisch-deutsche Zusammenwirken hat noch genug Entwicklungspotential. Ich bin überzeugt: Heute schlagen wir eine neue Seite in unseren beiderseitigen Beziehungen auf. Und wir leisten damit unseren gemeinsamen Beitrag zum Aufbau des gesamteuropäischen Hauses. [...] Das kraftvolle, lebendige Herz Russlands schlägt. Dieses Herz ist offen für eine echte Zusammenarbeit und Partnerschaft.«

Das Schlüsselwort in der Putinschen gesamteuropäischen Formel, die ohne weiteres zu realisieren wäre, ist in der Tat »echt«: Zusammenarbeit und Partnerschaft sind möglich, wenn sie auf Gleichberechtigung aufgebaut werden, wenn die Sicherheit aller unteilbar ist, wenn die Teilnehmer jegliche Versuche unterlassen, einander in die Irre zu führen. Ein Prototyp so eines Zusammenwirkens im europäischen Maßstab war die sogenannte Troika – eine französisch-deutsch-russische Konsultationsrunde, entstanden noch in der Jelzin-Zeit, verkümmert aber damals zur Banalität von gemeinsamen Saunabesuchen. Jelzin wusste einfach nicht, was er mit diesen Konsultationen anfangen sollte.

2002 fand angesichts des amerikanischen Irak-Abenteuers die Troika-Wiedergeburt statt. Die Zusammenkunft von Jacques Chirac, Gerhard Schröder und Wladimir Putin öffnete eine genuine Perspektive des endgültigen Garaus für den Kalten Krieg in Europa, der in Wirklichkeit in den Köpfen der westlichen Strategen immer noch weiterläuft. Die Troika entkräftete eventuelle europäische Ängste vor realen oder vermeintlichen Alleingängen Deutschlands, mögliche historisch begründete deutsche Zweifel in Bezug auf eventuelle Einkreisung sowie die nicht auszuschließenden Besorgnisse vor einem wiedererstarkenden Russland.

Gleichzeitig schuf die Troika eine solide Basis für einen Zusammenschluss von West und Ost in Europa, was im Endeffekt eine sichere Perspektive der wachsenden Bedeutung der Alten Welt in globalen Angelegenheiten öffnete. Dass das europäische Wort zunehmend an Gewicht in der unruhigen Welt von heute gewinnen müsste, deren Stabilität immer stärker gefährdet wird, war schon damals klar genug. Klar war auch, dass die Troika die vielleicht beste Form der endgültigen Überwindung von Überresten des Kalten Krieges auf dem europäischen Kontinent bietet. Es ist kein Zufall, dass die Suche nach Möglichkeiten, den ukrainischen Bürgerkrieg zu beenden, im Normandie-Format vor sich geht, das eigentlich mit dem Troika-Format-Plus identisch ist.

Und jetzt Hand aufs Herz: Entspricht der heutige Stand der deutsch-russischen Beziehungen wirklich den Möglichkeiten, die Putin 2001 in seiner Bundestagsrede angesprochen hat, und übrigens auch der positiven Reaktion im Bundestag darauf? Wie ist es dazu gekommen, dass die Deutschen und die Russen schon wieder einen Schritt davon entfernt sind, einander durch eine Art Visier zu sehen? Wohin ist die gutnachbarliche Atmosphäre der Gerhard-Schröder-Kanzlerschaft entschwunden? Musste die Degradation des deutsch-russischen Verhältnisses bereits viele Jahre vor der Ukraine-Krise beginnen? Bekräftigt diese unglückliche Entwicklung etwa nicht die in Russland verbreitete Meinung, dass der Bruch des Westens mit Russland auch ohne Ukraine-Krise gekommen wäre – man hätte bloß einen anderen Vorwand gefunden?

Man darf sich nicht täuschen – am deutsch-russischen Zusammenwirken sind nicht nur die Russen interessiert. Natürlich besteht aufseiten Russlands das Interesse daran – man möchte doch mit allen Nachbarn in Frieden leben, und Deutschland ist ein besonderer Nachbar, der für die Geschicke Russlands immer auch mit ausschlaggebend war. Ich habe noch nie erlebt, dass die russischen Medien so aufmerksam ausländische Wahlresultate verfolgten, wie das bei der Bundestagswahl 2017 der Fall war. Das 24-Stunden-TV-Informationsprogramm *Rossija 24* gab ständig den Stand der Stimmenzählung bekannt. Diskussionen über die Bedeutung der Wahlergebnisse und Perspektiven der Regierungskoalitionsbildung fanden auf allen seriösen TV- und Rundfunkkanälen statt. Die Deutschland-Fachleute waren ungemein gefragt. Das weiß ich aus eigener Erfahrung.

Aber das Interesse am deutsch-russischen Zusammenwirken liegt auch seitens der Deutschen und – global gesehen – auch seitens aller Europäer vor. Die vor unseren Augen beginnende historische Periode ist zunehmend durch Bedrohungen verschiedenster Art gefährdet. Eine von diesen Bedrohungen ist die Tatsache, dass demnächst eine Generation ins politische Leben eintritt, die keine unmittelbaren Kriegsempfindungen in ihren Lebensrucksäcken hat. Diese Generation Z, erwachsen an Computern und Internet, läuft Gefahr, virtuelle Spiele und real existierende Begebenheiten zu verwechseln. Übrigens: Diese Feststellung bezieht sich leider nicht nur auf die Heranwachsenden; in diese Kategorie fallen auch die Amerikaner jeden Alters, die anderthalb Jahrhunderte lang keinen Krieg auf ihrem eigenen Territorium erlebt haben und sich trotzdem für gebrannte Kinder halten. Wenn die Bomben zu explodieren beginnen, wird es zu spät sein für die Vorbeugemaßnahmen. Und es ist so leicht – sei es aus Panik oder um der schönen Worte willen, sei es aus purer Neugierde –, einen kleinen unscheinbaren Knopf zu drücken.

Mit der Vorbeugung der drohenden Katastrophe wäre schon gestern zu beginnen. Sie weiter aufzuschieben ist widersinnig und verantwortungslos. Es wird ein neuer Anfang gebraucht, dafür benötigt die Menschheit alle ihre Kräfte. Nur der geballte Willen könnte zum Erfolg verhelfen. Die genügende Stabilität kann ein umfassendes kollektives Sicherheitssystem ohne Teilung in Auserwählte und Stiefkinder gewähren. Im Falle der Fortsetzung des Kalten Krieges kann dessen Kälte in jedem Augenblick in die Hitze eines Heißen Krieges umschlagen. Nach den historischen Zeitmaßstäben ist es sehr lange gelungen, die Nachkriegsperiode auszudehnen, um einen neuen globalen Waldbrand zu vermeiden.

Die ganze bisherige Nachkriegszeit über standen am Ruder des Weltgeschehens Politiker, die ihr Leben lang die Kriegserlebnisse als Soldat, als Arbeitsdienstverpflichteter oder auch als Kriegszeitkind erlebt haben. Diese Generation geht. Mancher Jungpolitiker, Journalist, aber auch unbeherrscht agierender Machtmensch spricht vom Krieg als von etwas Natürlichem und Machbarem. Die Scharfmacher schrecken nicht vor Selbstkompromittierung zurück, nur um den Russen noch eins auszuwischen, wenn es auch um *Fakes* geht. Die bedrückende Atmosphäre ist besorgniserregend. Die große Frage unserer Tage lautet wieder: Wo geht die Welt eigentlich hin?

Perspektiven – ein Blick in die Zukunft

Der Wandel gehört zu den Grundcharakteristiken des Geschehens, wird aber feststellbar nur in der Gegenüberstellung zur Stabilität. Die Politiker teilen sich auf in diejenigen, die in Funktion ihrer Interessen den Wandel herbeisehnen, und diejenigen, die stur auf die Unbeweglichkeit setzen. Die beiden Gruppen qualifizieren laufende Ereignisse als »legitim« beziehungsweise »illegitim«, je nachdem, ob sie ihren Wunschvorstellungen entsprechen oder nicht. Man könnte meinen, die Entwicklung wäre als harmonisch zu bezeichnen, wenn sich sowohl die Stabilität als auch der Wandel die Waage halten. Theoretisch ist möglich, dass eine weise Staatsführung so etwas national wie auch international durchsetzen könnte. Die heutige Weltsituation zeugt aber davon, dass eine solche staatsmännische Weisheit in immer weitere Ferne entrückt.

Die Hoffnung, diese schwierige Zeit einfach auszusitzen, ist trügerisch. Erstens – die Schwierigkeiten fangen erst an; zweitens – um sie zu beheben, müssen die augenblicklich in der Welt existierenden grundsätzlichen politischen Spaltungen überwunden werden. Inzwischen werden die Verschiebungen im Kräfteverhältnis von den führenden Actors so schmerzhaft empfunden, dass die globale Harmonie nichts als ein Phantasiegebilde bleibt. Die US-Eliten können immer noch nicht verkraften, dass der chinesische Gigant ihnen die globale Vorherrschaft streitig macht. Paradoxerweise versuchen sie, die Abhilfe auf dem Weg der Verschlimmerung der Beziehungen zu Russland zu finden in der

Hoffnung, dass damit ein russisch-chinesisches Bündnis erschwert wird, das alle Chancen hätte, den Ton weltweit anzugeben.

Die ungestümen Veränderungen in der Welt gewinnen ununterbrochen an Konsistenz und Tempo, wobei Wandel und Stabilität chaotisch nebeneinander und ineinander verflochten sind. Diese Prozesse trennen und regulieren zu wollen, wäre dem Versuch ähnlich, das Rätsel aus dem alten theologischen Disput zu lösen: »Wie viele Engel finden Platz auf der Spitze einer Nadel?« (Die einzig logische Antwort wäre: »Unbegrenzte Zahl.«) In unserem Fall würde die Frage lauten: »Was wäre wichtiger für die Menschheit – Stabilität oder Wandel?« (Der Unterschied zu Engeln und Nadel ist, dass es bei Wandel und Stabilität manchmal in der Tat um Leben und Tod von Hunderttausenden Menschen geht.) Aus der Sicht eines normalen Menschenverstandes ist nur eine vernünftige Antwort möglich: Jede konkrete Situation erfordert ihre konkrete Lösung, und das einzig mögliche Kriterium für die Entscheidung dafür oder dagegen wäre ein klar geäußerter Wille derjenigen Menschen, die im betroffenen Land leben.

Und noch eine Analyse des Aktuellen und acht Thesen

Wer einen anderen Weg für die Lösung der Konflikte zwischen Unverletzlichkeit der Grenzen und Selbstbestimmungsrecht der Völker sucht – die auch die UNO-Charta nicht eindeutig beizulegen vermochte –, bürdet eine schwere Verantwortung auf sich. Man könnte auch von einer Art Verantwortungslosigkeit sprechen. Wenn man schon die Menschenrechte auf das höchste Podium erhebt, wie das die zeitgenössische liberale Moral tut, was kann noch höher sein als der mehrheitliche Menschenwille? Warum soll die Meinung des Westens als Gesetz gelten, der einmal kategorisch entschied, dass die Desintegration der Sowjetunion oder Jugoslawiens dem Völkerrecht entspreche – aber die Grenzen ihrer Nachfolgestaaten sakrosankt seien, auch wenn die Bevölkerung bestimmter Regionen dieser Neustaaten damit nicht einverstanden ist und diesen Unwillen durch eine demokratische Abstimmung bekundet hat?

Weshalb durften die Kosovaren ihre Souveränität erhalten (obwohl der UNO-Sicherheitsrat seinerzeit festhielt, dass Kosovo ein integrierender Teil Serbiens ist) und die Abchasen, Katalanen oder Kurden nicht? Wieso, ohne international anerkanntes Gericht zu sein, glaubt man sich berechtigt, willkürlich zu diktieren, ob diese konkrete Veränderung rechtens oder nicht rechtens ist? Die einzige internationale Instanz, deren Meinung in solchen Fällen in Frage käme, ist der UNO-Sicherheitsrat im Zustand, wie er heute funktioniert. Nun sammeln sich die Möchtegern-Weltverbesserer aus allen Himmelsrichtungen, um auch die UNO als eine der letzten Klammern der etablierten Friedensordnung zu kippen.

Unter den namhaften russischen Analytikern und Politologen ist die Meinung verbreitet, dass das 21. Jahrhundert zu einer stürmischen Epoche wird, deren endlose Krisen alles Dagewesene an Schärfe übertreffen dürfen. Diese Meinung wird übrigens auch von vielen Kollegen im Westen geteilt.

In der Tat:

1. Der Welt-Hegemon USA schwächelt von Tag zu Tag (auch infolge eines unsinnigen Kräftemessens zwischen ihren politischen, wirtschaftlichen, kulturellen Eliten einerseits und dem eigenen Staatspräsidenten andererseits).

2. Im Rahmen dieses innenpolitischen Konflikts werden die Anfeindungen gegen Russland gepflegt und geschürt und eine Atmosphäre des Vorabends eines Krieges gegen eine der beiden Weltmächte geschaffen, die waffentechnisch imstande sind, das Leben auf der Erde auszulöschen; das Ende dieses Irrsinns ist nicht in Sicht.

3. Die USA wissen nicht, wie sie Herr der Probleme der Welt werden können, deren Großteil sie selbst verschuldet haben; unter ihren »Leistungen« in diesem Sinne ist besonders die bedingungslose Unterstützung der ukrainischen Putschisten bemerkenswert, die sich immer offener als Ultranationalisten im Streit mit sämtlichen Nachbarn der Ukraine entpuppen.

4. Die Europäische Union, die normalerweise eine mäßigende Rolle im westlichen Bündnis zu spielen berufen ist, hat sich als Schildknappe der USA engagiert und kann kurzfristig kaum auf diese Funktion verzichten.

5. Außerdem ist die EU durch den Brexit geschwächt; zweifelhafte Wandlungen sind in Deutschland und

Frankreich zu registrieren; Spanien ist in eine schwere Zerreißprobe geraten; somit steht die Zukunft der EU überhaupt in den Sternen.

6. Die Zerschlagung des IS in Syrien bedeutet nicht das Ende des internationalen Terrorismus: Die islamische Welt ist insgesamt noch nicht reif für die Öffnung zur modernen Lebensweise; Afrika mangelt es an Lebensmitteln und Wasser; die zerstörerische Einmischung des Westens in die Angelegenheiten anderer Weltteile dauert an; all das bedingt die Fortsetzung des Flüchtlingsstroms nach Europa.

7. Die Demontage der UNO und ihrer spezialisierten Institutionen wird fortgesetzt, obwohl ganz klar ist, dass allen Kritiken der Weltorganisation zum Trotz die Existenz eines Zentrums, wo alle Staaten repräsentiert sind und Stimmrecht haben, den globalen Frieden viel sicherer macht, als das der Fall vor der UNO-Gründung war; jedenfalls darf eine Verbesserung nicht zur Aufhebung verkümmern.

8. Die Situation in der Welt ähnelt immer mehr der Situation, wie sie vor dem Ausbruch der beiden Weltkriege war; es geht um die Schaffung einer neuen Friedensordnung, was früher nur noch nach den geschlagenen Kriegen geschah; dem heutigen Staatensystem steht bevor, zu beweisen, dass diese Aufgabe auch ohne Weltkrieg zu erledigen wäre; die große Frage ist, ob die Politiker der Welt dazu noch fähig sind.

Das heutige Verhältnis deutscher Politiker zu Russland

Das deutsch-russische Verhältnis gehört zu den wenigen potentiellen Energiequellen der Normalisierung der Lage in Europa und in der Welt. In Russland erinnern sich die älteren Generationen gern an die friedensstiftende Rolle der Bundesrepublik in der Periode der »Neuen Ostpolitik«. Die Namen der Politiker wie Willy Brandt, Walter Scheel, auch Helmut Kohl sind im russischen Volksgedächtnis als Hinweis auf die Champions der sicheren Ost-West-Beziehungen geblieben. Die jüngeren Russen haben nicht vergessen, dass die Jahre der offensten, herzlichsten, engsten Zusammenarbeit Deutschlands und Russlands auf die Kanzlerschaft Gerhard Schröders fallen. Es ist kein Geheimnis, dass aus diesen Jahren auch die warme persönliche Freundschaft zwischen Schröder und Putin stammt, die so selten in der trockenen Luftleere der internationalen Politik anzutreffen ist. Dass die russische staatliche Erdölholding *Rosneft* vor kurzem den Altkanzler zu seinem Aufsichtsratschef wählte, wurde in Russland allgemein begrüßt – die Autorität Schröders in den europäischen politischen und wirtschaftlichen Kreisen stärkt die Hoffnung, dass die noch bleibenden Hürden bei der Entwicklung des beiderseitig vorteilhaften Zusammenwirkens im Energiebereich überwunden werden können.

Die Ära der Kanzlerschaft Schröder, die bewiesen hat, dass das Zusammenwirken von Deutschland und Russland in beiderseitigem und europäischem Interesse möglich ist, liegt ein wenig mehr als ein Jahrzehnt zurück. Aber welchen Kontrast bildet sie zur heutigen Situation! Die namhaften deutschen Politiker, die wagen, ihre Stimme zugunsten der Normalisierung der Beziehungen mit Russland zu erheben, können an den Fingern einer Hand gezählt werden. Sie werden von den *Mainstream*-Medien angepöbelt.

Die Meinungsforscher stellen fest, dass die Mehrheit der Deutschen für ein gutes Verhältnis zu Russland ist, aber bis jetzt sind die Leute noch nicht bereit, sich offen und aktiv für die entsprechende Korrektur des außenpolitischen Kurses Deutschlands einzusetzen. Die Anhänger des vernünftigen deutsch-russischen Verhältnisses gibt es praktisch in jeder politischen Gruppierung in der Bundesrepublik. Die einzige Ausnahme dürfen vielleicht die Grünen bilden, deren Führung sich als Musterschüler der zügellosen Russophobie gebärdet. Für die Grünen ist ein solches Verhalten typisch. Die studentischen Himmelsstürmer von 1968 (ich habe sie hautnah in Paris erlebt) hatten zugleich antikapitalistische und antisowjetische Parolen auf ihre Fahnen gesetzt. Sie behaupteten, die UdSSR habe den Sozialismus verraten. Die heutigen Grünen, die ihre Genealogie von der 68er Bewegung führen, sind wiederum antikapitalistisch und antirussisch. Diesmal greifen sie Russland an, da es seine Industrie nicht zerstören lässt und die Homosexualität nicht propagiert.

Besonders tut mir leid, dass auch die Linken, wo so viele unserer alten Freunde aus der DDR-Zeit eine politische Zuflucht gefunden haben, der offiziellen Propaganda auf den Leim gehen und von einer »unrechtmäßigen Angliederung der Krim« an Russland sprechen. Die Bürger der Autonomen Republik Krim haben in einem offenen und demokratisch organisierten Referendum ihren Willen bekundet, die Ukraine zu verlassen und Russland im Rahmen der Wiederherstellung der historischen Gerechtigkeit um die Aufnahme zu bitten. Das Einzige, was Russland in diesem Zusammenhang tat, war der Schutz der Abstimmung vor den Attentaten seitens der ukrainischen Nazi-Banden, die bereits unterwegs auf die Krim waren. Europa und die Welt hatten die Gelegenheit, bei dem Referendum im Oktober 2017 in Katalonien zu sehen, was geschieht, wenn der besagte Schutz nicht gewährleistet werden kann. Dabei muss man in Betracht ziehen, dass die Brutalität der spanischen *Guardia Civil* kein Vergleich mit der Bestialität der ukrainischen Nachfahren der SS-Formationen zulässt. Die kaltblütige Massenverbrennung der Anti-Maidan-Demonstranten bei lebendigem Leibe in Odessa im Mai 2014 gibt eine Vorstellung davon, was die Leute auf der Krim womöglich erwartet hätte, wäre die rechtzeitige Abschirmung der Halbinsel misslungen.

Was die »Unrechtmäßigkeit« anbetrifft, könnte man die Frage umkehren: War denn die Eingliederung der DDR in die Bundesrepublik 1990 völlig rechtmäßig, da kein Referendum zuvor stattfand? In beiden Fällen ging es ja um die Wiederherstellung der Lage, die historisch gesehen erst vor kurzem abgeändert worden war: Im ersten Fall lagen zwischen der Gründung beider deutscher Staaten und ihrer Wiederverschmelzung vierzig Jahre, im zweiten Fall – zwischen der Übergabe der Krim von Russland an die Ukraine und ihrer Rückkehr zu Russland – sechzig Jahre. Sowohl der BRD- und DDR-Gründung als auch der DDR-Inkorporierung und gleichermaßen der Krim-Übergabe an die Ukraine gingen keine Referenden voraus. Das Referendum fand in einem einzigen Fall statt – vor der Wiedervereinigung der Krim mit Russland. Ausgerechnet dieser Fall, wo die Krim-Bevölkerung über das weitere Schicksal des Gebiets befragt wurde und ihren Willen frei bekunden durfte, wird im demokratischen Westen zur Annexion hochstilisiert und als Begründung für die antirussischen Sanktionen benutzt.

Ein paar Worte zur russischen Opposition

Dass nur vier Parteien die Fünf-Prozent-Hürde bei den russischen Parlamentswahlen überwunden haben, zeuge vom armseligen Zustand der Demokratie in Russland – diese Überzeugung ist felsenfest im westlichen Bewusstsein verankert. Hier haben wir es wieder mit einer Doppelmoral zu tun, mit der man im Westen alles zu verdammen pflegt, was in Verbindung mit Russland steht. Wenn es eine genau gleiche Situation im Westen gäbe, würde sie als ein Demokratietriumph interpretiert. Wenn jemand in Russland die gesetzlichen Gebote missachtet und dafür von einem ordentlichen Gericht entsprechend dem Gesetz bestraft wird, sieht man darin im Westen einen klaren Beweis administrativer Willkür und des »Wütens der Diktatur«. Dabei werden Verstöße gegen Gesetze bei einem gleichen

Tatbestand auch in Deutschland als ein schwerwiegendes Vergehen eingeschätzt und die Buße dafür als Sieg der Gerechtigkeit und des Gesetzesvorrangs gefeiert.

Die schonende, fast zarte Behandlung der Demonstrationsteilnehmer durch die russische Polizei bei den Kundgebungen, deren Ort und Zeit nicht ordnungsgemäß mit den städtischen Behörden vorab abgestimmt worden waren, führt regelmäßig zu Stürmen der Entrüstung in der freiheitsliebenden Presse des Westens. Die Brutalität der spanischen Bundespolizei in Katalonien wird als eine interne Sache Spaniens behandelt und ruhig übergangen. Die gesamte Europäische Union war begeistert von der Zivilcourage der Brüsseler Kommission, als sie sich weigerte, eine Vermittlerrolle zwischen Madrid und Barcelona zu übernehmen, auch angesichts einer drohenden Explosion.

Das Problem mit der Opposition in Russland wird von den Russlandspezialisten im Westen buchstäblich aus dem Nichts konstruiert. Im Justizministerium der Russischen Föderation sind 74 politische Parteien registriert. Sie alle nahmen an den Parlamentswahlen am 18. September 2016 teil. Das »Einige Russland«, das sich als die Partei von Wladimir Putin bezeichnet, hat 54,2 Prozent der Wählerstimmen erhalten. Außerdem haben noch drei Parteien die Fünf-Prozent-Klausel überwunden – die Kommunistische Partei der Russischen Föderation (13,34 Prozent), die Liberaldemokratische Partei Russlands (13,14 Prozent) und das »Gerechte Russland« (6,22 Prozent). Diese vier Parteien sind in der russischen Staatsduma vertreten. Die Direktmandate mitgerechnet, haben sie entsprechend 343, 42, 39 und 23 Sitze im Parlament. Nach dem Stimmenanteil folgen dem »Gerechten Russland« die »Kommunisten Russlands« (2,27 Prozent), »Jabloko« von Grigori Jawlinski (1,99 Prozent), die Rentnerpartei (1,73 Prozent) und so weiter.

Das Oppositionslager besteht im Prinzip aus allen russischen Parteien mit Ausnahme vom »Einigen Russland«, das den Premierminister stellt und die Regierung bildet. In den größeren politischen Vereinigungen gibt es einzelne Gruppierungen, die einen verschiedenen Standpunkt zu den aktuellen politischen und wirtschaftlichen Problemen des Landes einnehmen. Das Einigende beziehungsweise Dividierende besteht in der Einschätzung der persönlichen Strategie von Präsident Putin. Die einen akzeptieren seine herausragende Rolle bei der Führung der staatlichen Angelegenheiten (zu ihnen gehören alle Parlaments- und sehr viele übrige Parteien) und die anderen nicht. Zum Beispiel ist von den oben genannten drei außerparlamentarischen Parteien nur »Jabloko« strikt Anti-Putin. Das heißt, dass die russische Parteienlandschaft im Verhalten zur Person des Staatschefs in zwei ungleiche Teile zerfällt – überwiegend in die »Putinisten« und verschwindend wenig in »Anti-Putinisten«. Nur die Letzteren interessieren jedoch den Westen, der hartnäckig fortfährt, mit seinem Geld die Anti-Putin-Gruppen zu versorgen in der Hoffnung, irgendwann in Russland nach dem ukrainischen Muster einen Maidan der Gegner des Präsidenten ins Leben zu rufen.

Der Westen will nicht zugeben, dass seine Strategie obsolet ist, die ihm den Untergang der Sowjetunion vor einem Vierteljahrhundert beschert hat. Er träumt von einer Wiederholung der Operation, diesmal in Bezug auf die Russische Föderation. Die Zeiten sind heute aber anders. Damals war die sowjetische politische Klasse in einer existentiellen Krise. Die KPdSU bewies ihre völlige Unfähigkeit, eine echte führende politische Figur aus ihrer Mitte hervorzubringen. Weder Gorbatschow noch Jelzin waren der Funktion eines Leaders der Nation gewachsen. Putin hat bewiesen, dass er das kann. Deshalb greift der Westen vor allem Wladimir Putin an – man glaubt, dass Russland ohne Putin zu einer leichten Trophäe wird. Seit der Wiederwahl Putins 2012 machen die Amerikaner aus ihrer Absicht kein Geheimnis, Putin zu entthronen. Die westlichen Strategen machen aber die Rechnung ohne den Wirt.

Von den Großmächten der letzten 500 Jahre haben nur zwei Länder kein einziges Mal ihre Souveränität verloren – Großbritannien und Russland. Die Russen mussten Niederlagen einstecken, Teile ihres Territoriums abtreten, Tribut zahlen, nie aber jemand anderem die Freiheit der Entscheidung überlassen. Sie haben jetzt die schlimmste Zeit in ihrer neuesten Geschichte überstanden. Sie haben erlebt, wie die schönen Parolen über europäische Werte als Deckmantel für Betrug, Ausbeutung, Beraubung benutzt worden waren. Sie wissen, dass nun die westliche Übermacht die Kräfte sammelt, um ihnen die Marionetten aufzubürden, die aus dem Ausland gesteuert werden. Sich wieder von fremden Landsknechten, Oligarchen und Kriminellen regieren zu lassen, das wird das russische Volk nicht hinnehmen können.

Die ›neue‹ Opposition Russlands

Beim normalen Gang der Dinge ruft der bevorstehende Wahlsieg Wladimir Putins keine Zweifel hervor. Die parlamentarische Opposition, die Kommunistische Partei der Russischen Föderation inklusive (alle anderen kommunistischen Splittergruppen haben keine Bedeutung), ist präsidententreu und hat bestenfalls die Nach-Putin-Zeit im Sinn, die spätestens 2024 beginnen wird. Unter der außerparlamentarischen Opposition nimmt die Pro-Putin-Fraktion auch einen breiten Platz ein, aber diese Leute sind für die Amerikaner und überhaupt für den Westen nicht interessant. Wertvoll sind dagegen für die westlichen Demokratiekreuzzügler die Anti-Putin-Teile der außerparlamentarischen Opposition. Diese Anbeter des amerikanischen *Mainstream*-Politikums sind klein an der Zahl, verfügen aber dank der Freigebigkeit der westlichen (größtenteils staatlichen) Sponsoren über bedeutende Geldressourcen. Ihnen stehen ganz legale Medien zur Verfügung – Rundfunkstationen, Zeitungen, Kabelfernsehprogramme, Internet. Ihre Vertreter sind ständig in den politischen Diskussionen im russischen öffentlich-rechtlichen TV präsent. Mit den westlichen Finanzmitteln und mit der propagandistischen Unterstützung vom Ausland sind sie imstande, sehr viel Lärm zu erzeugen.

Der Einfluss der Anti-Putin-Opposition auf die Wähler bleibt inzwischen, milde gesagt, begrenzt. Ihr Anteil an der Stimmenabgabe bei den wichtigen Wahlen übersteigt zusammengerechnet nicht 1 bis 2 Prozent der Wähler. Nur wenn die parlamentarischen Vier inert bleiben oder grobe Fehler zulassen, holen ihre Opponenten ein bisschen mehr Zulauf. Das war der Fall im letzten September bei den Kommunalwahlen in Großstädten wie Moskau und Sankt Petersburg. Die Führungen der parlamentarischen Parteien setzten damals auf eine niedrige Beteiligung an der Wahl (sie blieb in der Tat unter 20 Prozent) und verzichteten auf die Mobilisierung ihrer Wählerschaft – oft, wie in Moskau, wussten viele Leute gar nicht, dass die Wahlen bevorstehen. An eine zielgerichtete Präsentation der Kandidaten wurde überhaupt nicht gedacht.

Drei Gründe bestimmten anscheinend diese Passivität der präsidententreuen Parteien: 1.) die Überzeugung, dass die disziplinierten älteren Wähler, die einhellig für etablierte Parteien stimmen, zu den Wahllokalen in jedem Fall gehen; 2.) die Tatsache, dass die jugendlichen Wähler, die empfindlicher auf die Protestlosungen der Opposition reagieren, sich in der Regel nicht an den Wahlen beteiligen; 3.) das Bewusstsein, dass die Rolle der Kommunalversammlungen bis heute verhältnismäßig belanglos in der politischen Praxis des Landes ist. Die ihre Aktivitäten hauptsächlich über das Internet entfaltende außerparlamentarische Opposition nutzte die Chance und erreichte bis zu 20 Prozent der abgegebenen Stimmen in einigen Agglomerationen. Eine besonders glückliche Hand hatte »Jabloko« (»Apfel«), die Partei des Altreformators Grigori Jawlinski, der noch Gorbatschow versprach, die sowjetische Wirtschaft binnen 500 Tagen reibungslos in die kapitalistische zu verwandeln.

Man darf inzwischen diese Resultate nicht überschätzen. In realen Zahlen bleiben die Wahlergebnisse der prowestlichen Strömungen miserabel. Auch dort, wo sich ihre Kandidaten durchgesetzt haben, verzankten sich die Mandatsträger sofort und blockierten sich gegenseitig. Dagegen war bei den gleichzeitig in einzelnen Regionen durchgeführten Gouverneurswahlen alles in Ordnung vom Standpunkt der politischen Stabilität. Unter den gegebenen Umständen spricht alles dafür, dass die Wiederwahl Putins garantiert ist. Das Einzige, was eine Art Schatten auf dessen Wahlsieg werfen dürfte, ist eine nicht so hohe Wahlbeteiligung wie üblich, was den Gegnern von Putin vielleicht gestatten könnte, über seine sinkende Popularität zu schwadronieren (unter den Politologieprofis heißt dieser spezifische Handgriff »entlegalisieren«). Die präsidentenfeindliche Opposition steht vor einem unlösbaren Dilemma: Agitiert sie für die Nichtbeteiligung, erhält auch ihr Kandidat keine Stimmen; ruft sie die Wähler zu den Urnen, begünstigt sie den Triumph Wladimir Putins.

Putins Chancen nach den Wahlen

Auf die Senkung der Beteiligungsbereitschaft der Wähler sind auch die Manöver gerichtet, die die Präsidentschaftswahlen in etwas Operettenhaftes verwandeln sollten. Dazu gehört die Kandidatur von der skandalumwitterten jungen Dame Xenia Sobtschak, bekannt vor allem durch ihre Kritik der russischen Gegensanktionen im Zusammenhang mit den unfreundlichen Schritten des Westens: Sie hat damals erklärt, dass ein Dasein ohne französische Austern und Foie gras für sie kein Leben mehr wäre. Die bestimmte Pikanterie ihrer Kandidatur besteht darin, dass sie die einzige Tochter von Anatolij Sobtschak ist, dem Patron Wladimir Putins bei seinen ersten Schritten auf dem Weg in den Kreml, und ihr ganzes Leben eine inoffizielle Protektion des Präsidenten genoss. Dieser Umstand verspricht eine erhöhte Aufmerksamkeit zu ihrer Kandidatur und vielleicht sogar einen nennenswerten Stimmenanteil. Jedenfalls war Jawlinski, der unbedingt kandidieren wollte, sehr unzufrieden mit der Entscheidung Xenias. Der charakteristische Zug der Anti-Putin-Opposition ist überhaupt ihr Unvermögen, sich zu einigen.

Der Wahlstab des Präsidenten wird sich etwas einfallen lassen müssen, damit die Wähler zu den Urnen kommen, trotz der allgemeinen Überzeugung, der Sieg Putins sei bereits gesichert. Besonders in den unruhigen Zeiten braucht Russland – und nicht nur Russland – eine feste Hand im Kreml. Die sowjetische Spätperiode, wo die Formel von der »kollektiven Führung« als der Gipfel der Staatsweisheit gewertet wurde, führte nur zum Zeitverlust bei den wichtigsten Entscheidungen, da keiner da oben bereit war, die Verantwortung zu übernehmen. Wer aber Zeit verliert, verliert alles. Moskau war fast die ganze Zeit in Verspätung bei der Reaktion auf die Ereignisse. Jedoch an Beispielen von Gorbatschow und Jelzin konnte man sich gleichzeitig überzeugen, dass der Leader, der die Verantwortung nicht scheut, aber keine politische Gesamtkonzeption des Handelns im Kopf hat, noch schlimmere Folgen zeitigt. Die Kunst, beide Vorbedingungen der erfolgreichen Politik zu erfüllen, ist nicht allen zugänglich. Die Leader, die das können, sind rar. Wenn wir einen solchen Mann (beziehungsweise eine solche Frau) haben, dann sind wir verpflichtet, ihm (ihr) zu helfen und sein (ihr) Handeln zu unterstützen.

Wer hat Angst vor Russlands TV?

Die russophobe Szenerie der aktuellen Auseinandersetzungen in den USA ist atemberaubend. Man sucht mit dem schizophrenen Starrsinn die Spuren der russischen Einmischung in den US-Wahlkampf, findet sie nicht, fährt aber fort, zu behaupten, dass diese Einmischung stattgefunden hat – und das alles natürlich ohne jeglichen Beweis. Man verschweigt jedoch, dass die amerikanische Einmischung in den russischen Wahlkampf tatsächlich stattfand und stattfindet – und die Beweise dafür gibt es haufenweise, nur nennt man das die »Unterstützung der demokratischen Kräfte«.

Auf allen seriösen TV-Kanälen Russlands laufen jeden Tag stundenlang politische Talkshows, in denen die eingeladenen Experten die Gelegenheit erhalten, ihre Kenntnisse, Meinungen, Prognosen zu den aktuellen Fragen der innen- und außenpolitischen Lage zu äußern. An allen Talkshows nehmen ausländische Gäste teil, nicht nur amerikanische, polnische, baltische – manchmal deutsche – Journalisten, sondern auch Vertreter aus Kiew. Auch die außerparlamentarische Opposition ist da – fast überall sitzen die »Jabloko«-Abgesandten. Sie alle erhalten die Möglichkeit, angehört zu werden. Es versteht sich von selbst, dass dabei scharfe Kritik und hitzige Streitgespräche üblich sind, was als normal angesehen wird, weil der Zuhörer und Zuschauer den anderslautenden Standpunkt kennen muss. Die Schlussfolgerung für sich zieht das Auditorium selbst. Ich würde sehr gern in Erfahrung bringen, wo noch in der Welt eine solche Praxis in einem solchen Umfang vorliegt.

Die Sowjetunion hatte in ihrer Spätzeit Angst vor den feindlichen Stimmen aus dem Ausland, und sie störte die Sendungen von *The Voice of America*. Das bewies nur die Schwäche des Systems – alle wussten das. Das neue Russland hat keine Angst vor propagandistischen Angriffen des Auslands, und das beweist seine Stärke. Die Angst vor der Stimme Russlands hat Amerika, das die Arbeit von *Russia Today* stört. Das zeigt, wer der Stärkere ist.

Kriegszeitkinder

Seit einigen Jahren ist in Russland der Begriff der »Kriegszeitkinder« im Umlauf. Gemeint sind Personen, deren Kindheit in die Kriegsperiode fiel. Bei jeder Haushaltsabstimmung in der Duma besteht die parlamentarische Opposition auf die Aufnahme dieses Begriffs in die Rechtspraxis. Vor allem die Kommunisten fordern, dass gesetzlich geregelt wird, wann und wie diese Kategorie der Mitbürger materiell unterstützt werden sollte, falls ein Bedarf vorliegt. Die Diskussionen verliefen freilich bis heute ohne praktische Ergebnisse. Im Prinzip sind zwar alle Abgeordneten der Meinung, dass eine solche Regelung ideal wäre: Vom Großen Vaterländischen Krieg sind in der Tat alle Familien gezeichnet – nicht nur die, die ihn leibhaftig erleben mussten. Nur: Die raue Realität ist weit vom Ideal entfernt, und die Möglichkeiten des Staatshaushalts sind begrenzt. Das Geld bleibt knapp, da unter anderem die westlichen Sanktionen nach wie vor die vollständige Entfaltung der Potenzen der russischen Wirtschaft hemmen. Die Mehrheit der Abgeordneten in der Duma verschiebt deswegen die sachliche Entscheidung auf bessere Zeiten.

Im inhaltlichen Sinne ist die Generation, zu der meine Frau und ich gehören, die der Kriegszeitkinder. Als solche sind wir auch persönlich daran interessiert, dass dieser Begriff gesetzlich verankert ist. Wie für viele unserer Altersgenossen ist auch für uns die moralische Seite des Problems viel wichtiger als die materielle. Nicht das Geld, sondern die Aufmerksamkeit der Gesellschaft ist unersetzbar: Wir sehen es als unsere höchste Lebensaufgabe an, die Erinnerung an die Opfer des Krieges wachzuhalten. Diese für uns Russen größte Katastrophe der menschlichen Geschichte bildete für alle Kriegszeitkinder den Anfang ihrer Lebenserfahrungen, den ewigen *Point de départ*. Er ist Grundlage der Einschätzung eines jeden nachfolgenden Großereignisses. Als Gedächtnissymbol der russischen Prüfungsjahre, des Volksmuts Russlands und des Soldatenheldentums im Großen Krieg, tragen meine Frau und ich jedes Jahr am Siegestag, am 9. Mai, das Sankt-Georg-Bändchen, auf der linken Brustseite angeheftet. Wir sind stolz, dass unsere erwachsenen Kinder und Enkel aus ihrer inneren Überzeugung heraus am Volksumzug »Das unsterbliche Regiment« am 9. Mai mit einem Bild meines Vaters, gekleidet in der Oberleutnantsuniform von 1941, teilnehmen.

Nach und nach schrumpft die Generation der Kriegsteilnehmer. Als Träger der nationalen Erinnerung treten an ihre Stelle die Kriegszeitkinder, die die Dreieinigkeit des russischen Selbstbewusstseins an die heranwachsenden Generationen weitervermitteln: Wahrung der Souveränität des Landes als das feierliche Vermächtnis der Toten und Gefallenen; Bereitschaft, jedem Angriff mit entsprechenden Mitteln zu begegnen und – zu siegen; Anerkennung des klar geäußerten Volkswillens als des höchsten politischen Wertes.

Meine Frau, Jahrgang 1931, gehört der Altersgruppe an, die vor dem Kriegsende arbeitsdienstpflichtig wurde. Als Zeichen der besonderen Achtung erhält sie wie alle ihre Altersgenossinnen jedes Jahr zum 9. Mai aus dem Kreml einen persönlichen Gratulations- und Dankbrief vom Präsidenten. Mein Jahrgang 1932 war einen Hauch zu jung für die obligatorische Arbeit; dennoch waren es oft auch meine Gleichaltrigen, die sich an die Werkzeugbänke stellten oder in der Landwirtschaft tätig waren.

Meine Frau war um eine weitere Kriegszeiterfahrung reicher als ich: Sie flüchtete zu Fuß mit ihrer Familie vor der angreifenden Wehrmacht im Oktober 1941. Der Weg in ein Dorf östlich der Stadt Kalinin (heute wieder Twer) war zwar verhältnismäßig kurz (circa 80 Kilometer); und bereits zwei Monate später konnte die Familie zurückkehren (Kalinin wurde von der Roten Armee im Zuge der Schlacht um Moskau zurückerobert); auch blieb ihr Haus von Bomben und Feuer verschont. Doch die Lasten und Strapazen des unfreiwilligen Marsches blieben ihr bis heute im Gedächtnis haften. Mir wurde wenigstens die Evakuierung erspart, da meine Mutter und ich das von der Front weit entfernt liegende Mittelasien erst 1944 in Richtung Kalinin verlassen haben, wo mein Vater mit den Vorlesungen an einer Militärakademie begonnen hatte. Meine Eltern und ich lebten vor dem Krieg in Mittelasien; unsere Vorfahren kamen ins russische Turkestan in den achtziger Jahren des 19. Jahrhunderts als landlose Bauern von Zentralrussland, die nach der Abschaffung der Leibeigenschaft 1861 in entfernte Randgebiete des Imperiums zogen.

Die Ruinen und Überreste der Häuser im Zentrum der Stadt sowie Erzählungen der Augenzeugen vom Terror der deutschen Besatzer beeindruckten mich tief.

Quälende Fragen

Ich erwähne das alles, damit meine deutschen Leser verstehen und begreifen, warum für die Mehrheit der russischen Menschen der Große Vaterländische Befreiungskrieg zwischen 1941 und 1945 ein Zentrum des Weltverständnisses ist. Jelzins Liquidatoren-Rotte sowie ihre heutigen Nachfolger versuchten, die Generationsverbundenheit zu zerstören und die Jugend davon zu überzeugen, dass der Kampf gegen die Nazis vergeblich und die Unterwerfung der Russen die beste Lösung gewesen wären. Beispielsweise witzelten sie über die Kriegsveteranen: »Wie dumm, Alter, dass du so gut schießen konntest – sonst würden wir jetzt deutsche Wurst essen und bayerisches Bier trinken.«

Doch die Operation der nationalen Erniedrigung misslang in den 1990er Jahren gründlich, Gott sei Dank.

Sie erreichte auch die vielen jungen Leute nicht, die sich an den Suchexpeditionen an den Orten der erbitterten Kämpfe des Großen Krieges massenhaft und in selbstloser Weise beteiligten, um die Namen der unbekannten Toten in Erfahrung zu bringen und ihre Gebeine ordnungsgemäß zu begraben.

Viele Russen fragen sich bis heute, warum die Deutschen unser Land überfallen haben. Die Zickzacklinie meiner Dienstlaufbahn im Außenministerium führte mich 1962 ins außenpolitische Archiv, wo ich fast fünf Jahre lang die Antwort gerade auf die oben formulierte Frage suchte. Die Resultate meiner Untersuchungen bildeten die Grundlage meiner Dissertation über die deutsch-sowjetischen Beziehungen in den dreißiger Jahren sowie eines Buches zu diesem Thema (es gab auch eine Übersetzung dieser Publikation ins Deutsche: *Der Anfang vom Ende. Deutsch-sowjetische Beziehungen 1933–1939*. Pahl-Rugenstein Verlag GmbH, Köln 1985).

Der gesunde Menschenverstand weigert sich bis heute, die schreckliche Wahrheit zu akzeptieren: Die nationalsozialistischen Eindringlinge waren dabei, eine klassische Kolonie in Europa für ihr tausendjähriges Reich zu erschließen; sie brauchten ein »von dem genetisch wertlosen Menschenmaterial« befreites Niemandsland und ein paar Millionen Sklaven, die den zusammengerafften Grund und Boden unter dem Kommando deutscher Übermenschen bearbeiteten. Die Deutschen waren nach Russland gekommen, um sich beides zu holen. Alles was übrig bleiben sollte, war der Vernichtung geweiht.

Das eben ist der Grund dafür, dass die Russen allem, was den Nationalsozialismus, seine Ideologie und Praxis nachahmt, absolut ablehnend gegenüberstehen. Hier liegt auch die Ursache der negativen Reaktion Russlands auf den Staatsstreich in der Ukraine, deren Politik seit vier Jahren von den Adepten der Helfershelfer von den nazistischen Okkupanten bestimmt wird (es ist ein tragisches Déjà-vu, mal wieder zu vernehmen, wie man sich in Kiew über die »höhere ukrainische Rasse« und den »russischen Untermenschen«, diesem »ewigen Feind der noblen Ukrainer«, auslässt).

Mir ist es wichtig, zu betonen, dass in Russland aber niemals ein Gleichheitszeichen zwischen dem deutschen Volk und den Nazis gesetzt wurde. Auch wenn Hitlers Helfer vorgaben, »das Volk« zu vertreten. Bei aller ideologischer Beeinflussung des vorigen Jahrhunderts war und bleibt die traditionell humanistische Ausrichtung des russischen Bildungs- und Erziehungswesens intakt. Den heranwachsenden Generationen wurde und wird ein sympathisches Image Deutschlands der großen Dichter und Philosophen vermittelt. In unserer Ausbildungszeit lernten wir zum Beispiel gewaltige Mengen an Werken Johann Wolfgang Goethes und Heinrich Heines auswendig (ich kann auch heute den Goetheschen »Prometheus« ohne weiteres zitieren); von den Schriften von Karl Marx und Friedrich Engels ganz zu schweigen. Wir spielten in unseren Laientheatern die Stücke der deutschen antifaschistischen Dramatiker in der Originalfassung.

Und noch etwas: Mir dient als Trost, dass sich die Russlanddeutschen auf ihr Wesen besinnen, prädestinierte Vermittler und Kontakthersteller zwischen Deutschland und Russland sind. In den ersten Jahren meiner diplomatischen Tätigkeit in der Bundesrepublik hatten die Russlanddeutschen, wie ich mich erinnere, eine richtige Berührungsangst, was die offiziellen Vertreter der UdSSR anbetraf. Ich hatte das Empfinden, dass die Leute bestrebt waren, ihre sowjetische Vergangenheit möglichst schnell zu vergessen. Heute ist es ganz anders geworden. Die Russlanddeutschen leugnen nicht ihr russisches Vorleben, sie betonen es sogar. Sie strengen sich an, das russische Verhalten für die Deutschen auf Deutsch und die deutschen Interpretationen für die Russen auf Russisch zu erklären. Mir wurde warm um das Herz, als ich zum ersten Mal den Ausdruck »Deutschrusse« in einer deutschen Zeitung gesehen habe. Danach weiß ich, dass die Wiederannäherung zwischen Deutschland und Russland nicht nur möglich, sondern auch unausweichlich ist.

Differenzierte Ansichten

Den wahren Umfang des Unglücks, das über die Deutschen als Ergebnis des Krieges hereinbrach, konnten wir erst erahnen, als wir 1957 in Leipzig Anny Lange kennenlernten. Sie war ein Glücksfall für die Diplomatenkinder des dortigen Konsulats der UdSSR. Das Personal jeder diplomatischen Vertretung wechselt in einem mehr oder weniger regelmäßigen Rhythmus. Kommen die Familien mit einem oder mehreren Kleinkindern an, brauchen sie eine Babysitterin, wenn die Mutter berufstätig bleiben soll. Meine Frau ist eine diplomierte Pädagogin, und die sowjetische Schule für die Kinder der Offiziere der um Leipzig stationierten Truppenteile brauchte eine Deutschlehrerin. Die Schuldirektion hat angeboten, meine Frau anzustellen – es blieb nur, das Babysitterinnen-Problem zu lösen. Zum Glück kehrte gerade in dieser Zeit ein Konsulatskollege in die Heimat zurück, dessen zwei Kinder von Anny betreut worden waren. Wir haben zugegriffen und sie engagiert.

Anny war nicht besonders redselig. Aber allmählich haben wir ihre erschütternde Geschichte erfahren. Sie und ihr Mann, der aus Altersgründen nicht zum Wehrdienst eingezogen worden war, kamen aus Böhmen; ihr älterer Sohn fiel an der Ostfront, der jüngere war noch ein Kind. Im Herbst 1945 wiesen die tschechischen Behörden alle Einwohner ihres Dorfes aus – mitnehmen durften sie nur das Handgepäck, Transportmittel gab es nicht. Zu Fuß gelangten sie nach Bautzen in Sachsen in die Sowjetische Besatzungszone. Ostdeutschland war vom Krieg in einem weit größeren Umfang zerstört als Westdeutschland, denn die Wehrmacht leistete hier bis zum bitteren Ende verzweifelten Widerstand. Die sowjetischen Militärkommandanten der Ortschaften, wo die Flüchtlinge in Scharen nicht nur aus der Tschechoslowakei, sondern auch aus Polen und seinen neuen westlichen Territorien ankamen, verfügten weder über Unterbringungsmöglichkeiten noch über Lebensmittelreserven. Die Kommandanturen schlugen Alarm und baten die tschechischen und polnischen Regierungen, mit der Aussiedlung abzuwarten. Doch ergebnislos.

Sie forderten zusätzliche Lieferungen aus den Armeevorräten für die Betreuung der Menschen an, die buchstäblich nichts hatten. Mit der Zeit normalisierte sich die Lage nach und nach, wenn man diesen Begriff für die damalige Situation überhaupt gebrauchen darf.

Annys Mann starb, aber sie und ihr Sohn hatten die Aussiedlung überlebt. Durch eine glückliche Fügung des Schicksals wurde sie Haushälterin in einer Offiziersfamilie. Sie wechselte von einer russischen Familie zur anderen und kam schließlich nach Leipzig, wo nach der Aufnahme der diplomatischen Beziehungen zwischen der UdSSR und der DDR 1949 eines der sowjetischen Konsulate öffnete. So war Anny Lange indirekt zum Mitglied des Diplomatenkorps der UdSSR aufgestiegen. Für unsere kleine Tochter wurde sie zu einem Schutzengel. Einen gutherzigeren Menschen gab es nicht auf der Welt. Sie sprach kein Wort Russisch, aber man verstand sich glänzend mit ihr. Sie wurde eine Art Familienmitglied. Als wir zwei Jahre später nach Bonn versetzt wurden, war ein Tränenmeer von beiden Seiten bei unserer Verabschiedung vergossen.

Nach der Bekanntschaft mit Frau Anny wussten wir genau: Die Deutschen sind anders geworden, die Lehren aus dem Krieg haben sie nicht vergessen. Die damals sehr populäre Losung »Nie wieder Krieg!« äußerte adäquat die Grundstimmung der Bevölkerung Gesamt-Nachkriegsdeutschlands. Die sowjetischen Medien schilderten Westdeutschland mit Vorliebe als ein Paradies der Revanchisten, die einen neuen Krieg im Schilde führten. Nicht dass diese Annahme völlig aus der Luft gegriffen wäre, nur die überwiegende Mehrheit der Westdeutschen, wie übrigens die überwiegende Mehrheit der Russen, betete jeden Morgen »Wenn nur kein Krieg käme!« – anstatt des Vaterunsers. Beim Betreten westdeutschen Bodens hatten wir nie das Gefühl, dass wir in eine feindliche Unterwelt hinabsteigen würden. Wir waren innerlich bereit, in normale menschliche Beziehungen auch zu den Westdeutschen zu treten. Diese Haltung war typisch – nicht nur für uns. Diese unterschwellige Offenheit, das Bestreben, auf jegliche Voreingenommenheit zu verzichten, spielte später eine entscheidend positive Rolle bei der Aufnahme der Brandtschen »Neuen Ostpolitik«.

Und: Es waren viele Kriegszeitkinder aus beiden Deutschlands in unserem Freundeskreis.

Politisches Welttheater

Heute scheint die Begeisterung der Neuen-Ostpolitik-Jahre verflogen zu sein – wenigstens, was die offizielle deutsche Seite anbetrifft. Jedoch: Die Lage ist viel bedrohlicher geworden im Vergleich zum Beginn der Kanzlerschaft Willy Brandts. Sämtliche Grundlagen der Weltordnung sind in Schwankung geraten. Es ist höchst schwierig, einen verlässlichen Halt in der Situation zu finden, wo alles auf einmal unsicher zu werden droht. Deutschland hat ungemein viel von seinen nationalen Interessen auf dem Altar der Nibelungentreue zu Amerika geopfert. Nun muss es zusehen, wie sich der bewunderte Halbgott wie ein Elefant im Porzellanladen der globalen Sicherheitsstrukturen aufführt. Schlimmer noch: Die Gefahr eines neuen Großkriegs, die 1990/91 für ewig gebannt zu sein schien, ist wieder da – mit widerspruchsloser Unterstützung Deutschlands und der von ihm geführten Europäischen Union.

Und nun die große Preisfrage: Wer und zu welchem Zweck hat diese gefährliche Welttheateraufführung in Bewegung gesetzt?

Wer aufmerksam die Serie von transatlantischen Hysterieanfällen verfolgt hat, kennt schon die einzig richtige Antwort: der große Bruder aus Washington, der offiziell den Anspruch erhebt, der Demiurg der Weltbauordnung zu sein. Die Welt verändert sich unaufhaltsam, Washington ist aber bestrebt, sie im Unterwerfungszustand einzufrieren. Was Europa anbetrifft, ist das eigentliche Ziel der US-Geostrategie die »Beseitigung des Störenfrieds« Russland als Faktor der internationalen Politik. Zu diesem Zweck wird völlig offen die Veränderung des russischen Staatssystems durch intensive Propagandakampagnen von außen und die Finanzierung der systemfeindlichen Oppositionselemente innerhalb Russlands betrieben. Es muss, koste es, was es wolle, erreicht werden, dass Wladimir Putin den Posten des russischen Staatschefs zugunsten eines von den Amerikanern genehmigten Statthalters räumt. Die offiziellen US-Vertreter sprechen öffentlich vom Beginn des Krieges, den angeblich Russland durch seine vermeintliche Einmischung in die amerikanische Präsidentschaftswahl vom Zaun gebrochen habe. Doch eine Lüge hört durch ständige Wiederholung nicht auf, eine Lüge zu sein.

Dennoch ziehen die Amerikaner es vor, den Anschein zu erwecken, dass sie fest daran glauben, obwohl jeder Beweis für eine solche »Einmischung« fehlt. Mehr noch: Ihre Sympathisanten in Europa sind eifrig dabei, die Mär der russischen Einmischung auch in die europäischen Wahlen zu tragen. Im Ergebnis vermehren sich die Reihen derer in Europa, die sich zu einem Krieg mit Russland rüsten – bislang verbal, aber im Bewusstsein, dass der Übergang zu handfesten Feindseligkeiten sehr kurzfristig sein kann. Russland legt also

Wert darauf, auf alle Überraschungen vorbereitet zu sein.

Und Washington? Die USA möchten in Russland am liebsten einen Maidan nach ukrainischem Vorbild veranstalten. In Amerika ist man offenbar davon überzeugt, dass ein russischer Maidan ein Ende Russlands bedeuten würde – genau wie der ukrainische Maidan das Ende der Ukraine einleitete.

Es ist schlimm genug, dass die ukrainische Krise keine allgemein zufriedenstellende Lösung zu inkludieren scheint. Kiew hat das Abkommen von Minsk nur unterzeichnet, um der drohenden militärischen Niederlage zu entgehen. Seine Bedingungen zu erfüllen, stand niemals in den Plänen Kiews, und die westlichen »Garanten« unterstützen Kiews Winkelzüge. Die Verschlimmerung der Situation um Donezk und Lugansk wird nicht nur möglich, sondern auch wahrscheinlich. Wenn dazu noch irgendwelche Komplikationen in Russland entstehen, würde es mit der Reststabilität in ganz Europa vorbei sein.

Was danach geschieht, interessiert jedoch die Männer mit der Weitsicht eines Spielautomaten nicht – sie wähnen sich hinter den Ozeanen völlig sicher, möge die übrige Welt in die Hölle fahren.

Europa muss sich im Klaren sein: Seine einzige Hoffnung auf einen glimpflichen Ausgang der gegenwärtigen Zuspitzung der Spannungen ist das stabile Russland mit einer berechenbaren Politik ohne Hinterlist und Doppelböden. Es muss doch etwas auf dieser Welt bestehen bleiben, das als Stütze und Rückhalt der Weltordnung fungieren kann. Das lenkbare Chaos der amerikanischen Theorien ist anziehend nur aus einer sicheren Entfernung. Für diejenigen aber, die mittendrin sind, ist dieses Chaos eine irreparable Katastrophe. Es genügt, einen Blick auf die Zustände im Großen Nahosten zu werfen, um zu sehen, zu welchen Resultaten der Hexensabbat der gewaltsamen Demokratieverbreitung im globalen Maßstab führt.

Möge uns allen ein Licht aufgehen

Die Welt ist ungerecht. Das war der Grund für die sozialistische Revolution, die Russland vor einem Jahrhundert erlebte. Der reale Sozialismus aber war in vieler Hinsicht nicht minder ungerecht. Das lieferte letzten Endes die Ursache für sein Scheitern. Die kapitalistische Gesellschaft von heute könnte vielleicht als ein bisschen gerechter empfunden werden im Vergleich mit den vergangenen Zeiten, aber so gerecht ist sie auch nicht. Der internationale Terrorismus ist Ausdruck der tiefen Unzufriedenheit mit dieser Ungerechtigkeit der Welt. Aber die Gewalt verbessert die Welt nicht, sie macht die Welt noch ungerechter. Der Kampf gegen den Terrorismus ist die Bedingung der weiteren Vervollkommnung – ja, sogar der Existenz – der zivilisierten Welt.

Im 21. Jahrhundert muss die Menschheit doch imstande sein, die endlose Kette der Kriegskatastrophen zu brechen und die gerechtere Zukunft im Frieden zu finden. Die Deutschen und die Russen haben eine wichtige Mission in diesem Sinne zu erfüllen – in Europa und in der Welt. Das vorige Jahrhundert mit seinen Weltkriegen soll eine Ausnahme im tausendjährigen friedlichen und beiderseitig bereichernden deutsch-russischen Zusammenleben bleiben.

Angela Merkel hat ihren französischen Kollegen Emmanuel Macron bei seinem ersten offiziellen Besuch in Berlin ins Lokal mit einem symbolischen Namen eingeladen – ins Restaurant *Paris-Moskau*. Ich kenne dieses Lokal noch gut aus der Zeit, als es zweierlei Berlin gegeben hatte. Trotz seiner Bescheidenheit war es auch damals sehr populär unter der Westberliner Noblesse. Mich interessierte es vor allem wegen seines stichhaltigen Namens – das Lokal liegt genau in der Mitte des Eisenbahnwegs zwischen der russischen und der französischen Hauptstadt (ursprünglich bestand das Gros seiner Besucher aus den Eisenbahnern von drei entsprechenden Nationen). Die Nachricht fand ich erfreulich – wenigstens bei dem Restaurantnamen hatten Merkel und Macron offenbar keine Berührungsangst in Bezug auf Moskau. Das gegebene Zeichen gab mir ein bisschen mehr Zuversicht. Bei dem Treffen fehlte nur Wladimir Putin. Mit ihm wäre die Troika, die Europa für sein Wohlergehen dringend braucht, wieder komplett. Die Hoffnung bleibt, dass ein Dreiertreffen bald nachgeholt wird.

In Deutschland erinnern sich viele an einen amerikanischen Präsidenten, der im Moment der höchsten internationalen Spannung ausrief: »Ich bin ein Berliner.« Ich glaube, Putin hätte mehr Grund, etwas Ähnliches zu sagen, da er die ganze Zeit seiner Präsidentschaft unermüdlich das deutsch-russische Verhältnis pflegt und unterstützt. Angesichts des unfreundlichen Westens ist Russland dabei, eine folgenschwere Schwenkung ostwärts zu vollziehen. Heute ist es aber noch nicht zu spät für die Rettung dessen, was im Rahmen des Zusammenwirkens Europas und Russlands seine Lebenskraft bewies.

Möge uns allen bald ein Licht aufgehen!